남들이 무모하다고 할 때,
도전은 시작된다.

남들이 무모하다고 할 때,
도전은 시작된다

진용기 지음

AONEBOOKS
에이원북스

프롤로그

피할 수 없다면 즐겨나 보자.

코로나19 팬데믹이 한반도를 넘어 지구촌을 덮은 지 3년이란 시간이 지나갔다. 그동안 대면이었던 일상이 비대면으로 대체되었고, 사람과의 만남 또한 엄격하게 통제되었다. 하지만 이제 조금씩 비대면이 사라지고 우린 코로나 이전의 일상으로 조금씩 돌아가려 하고 있다. 비록 두렵고 힘들었던 지난 팬데믹을 현명하고 용감하게 견뎌냈지만, 코로나로부터 직격탄을 맞고 피하지 못한 사람들도 있다. 비대면 수업을 경험한 학생들, 대학생이 된 고등학생들, 직장인이 된 대학생들, 그리고 재택근무의 신세계를 맛본 직장인들이 바로 그들이라 할 수 있다.

이들은 지금까지와는 다른 환경에서 전례가 없는 새로운 시스템에 순응하고 적응해야 했던 사람들이다. 그렇다고 순응하고 적응하는 것 외에 그들이 선택할 수 있는 것이 그리 많지 않았다. 엄격했던 통제, 생과 사의 사투, 그리고 새로운 환경과 적응을 통해 사람들은 나날이 우울하고 의기소침해 졌다. 게다가 희망적인 것 보다 부정적이고 불투명한 것들이 눈에 더 쉽게 들어오게 되었다. 환경이 바뀌고 상황이 변했다고 해도 우린 지금까지처럼 우리의 기본적인 일상을 계속 살았어야 했다. 학생은 하던 공부를 계속했고 직장인은 계속 일을 해야 했기 때문이다. 코로나19 팬데믹이라도 우리 삶의 기본 원칙은 변하지 않았다.

고등학교를 졸업하고 대학에 들어간 그해 나라가 망했다. 1996년부터 우리들의 가정 경제와 부모님들의 직장 경제가 뒤흔들리더니 마침내 한국은 1997년 'IMF에 구제금융을 신청(외환위기)'하고 말았다. 전쟁 후 한강의 기적을 이뤄내며 아시아의 호랑이라 불리던 한국이 망하고 만 것이다. 고등학교를 졸업하고 대학만 가면 놀아도 된다던 부모님들의 말씀은 우리에겐 결국 현실이 되지 못했다. 가정 경제가 힘들어 대학에 합격하고도 가지 못한 친구, 고등학교 졸업 후 휴학하고 군대 간 친구, 서울 사립대학을 붙고도 지방 국립대를 선택한 친구, 하숙비가 부담스러워 서울로 진학하지 못한 친구 등 고등학교 3년간 꿈꿨던 그들의 미래는 결국 실현되지 못했다.

대학에서도 영어나 자격증 같은 취업 관련 동아리에 많은 학생이 몰렸다. 만약 반복적인 휴학이나 자퇴 없이 대학을 무사히 졸업했다고 해도 취업 또한 쉽지 않았다. IMF와 함께 한국 기업들 또한 구조조정과 명예퇴직이란 도구를 이용해 살아남기 위해 발버둥 쳤기 때문이다. 그때부터 자리 잡은 이 두 가지 도구는 지금까지도 직장인들 곁을 떠나지 않고 있다. 다만 달라진 것은 사회적 혼란이 외환위기로 부터가 아닌 코로나19 팬데믹으로 부터라는 것이다. 그렇다고 주저앉아

멍하니 먼 산만 바라보고 있을 수 없다. 우리의 인생은 너무나 가치 있고 중요하기 때문에 원하는 미래를 위해 인생을 계획하고 계속 실행해 나가야 한다. 당장 하고 싶고 좋아하는 것을 할 수 없다고 낙담하거나 포기해선 안 된다. 비록 지금은 나의 미래와 직접적인 관계가 없는 분야라도 지금 할 수 있는 것에서 내 커리어를 만들어야 한다.

난 사실 보통의 남자들처럼 고등학교나 대학에 다닐 때 군대에 가야 한다는 현실을 받아들이기 아주 힘들었다. 그런 내가 그 싫다던 군에서 직업 군인으로 20년간 근무하고 2022년에 퇴직했다는 것을 지금도 주변인들은 신기해한다. 물론 나 또한 그렇게 싫어하던 군을 직장으로 결정하게 된 계기는 당연히 있지만, 말처럼 쉽게 결정한 것은 아니었다. 그저 내가 원하는 삶을 당장 살기 힘들다 보니 남들과 다르게 또 특별하게 살고 싶었다. 비록 남자들이 선망하는 직업은 아니었지만, 그 속에서 남들보다 쉽게 경쟁해 우위를 달성하고, 해외 유학도 해외 경험도 해보고 싶었다. 그리고 결론적으론 남들보다 일찍 노후 자금을 확보하고 내가 원했던 나의 삶을 살아보자고 다짐했다. 그게 내가 고심 끝에 직업 군인이 되고자 결정하고 20년간 근무한 주된 이유였다.

그렇게 국방부, 합참, 육군과 대학 기간 4년을 포함, 총 24년간 관계를 유지했다. 중동지역전문가로서 한국과 해외에서 대학과 대학원 등 경제적 걱정 없이 좋은 교육을 받을 수 있었고 해외파병과 해외 근무로 견문을 넓힐 수 있었다. 한국에 방문한 아랍국가 군 관련 VIP 들과 전 일정을 수행하며 의전과 회의통역, 그리고 방위사업 계약 업무를 지원했다. 영광스럽게도 육군3사관학교에서 교수로 근무하며 후학 양성의 기회도 얻었다. 더불어 한국군 최상위 정책부서인 합동참모본부(합참)에서 근무하며 통일부, 외교부, 행안부 등 정부 담당자들과 협업하며 국가정책 계획 및 실행에 관한 다양한 경험도 할 수 있었다.

그저 호기심이 많고 도전정신이 넘치는 성격 덕분에 비록 원했던 직장은 아니었지만, 그 속에서 나만이 잘할 수 있는 분야를 찾고 전문가가 되기 위해 앞만 보고 달렸다. 그 결과 아무도 시도조차 하지 않은 곳에서 나만의 특별한 스토리를 완성할 수 있었다. 또 지금은 완성한 그 전문성을 바탕으로 주한 카타르대사관에서 대사님을 보좌하며 한국과 카타르 양국의 외교협력과 발전에 이바지하고 있으며 동시에 개인사업자로서 식당을 운영하고 있다.

요즘 많은 직장인은 30~40대에 이른 퇴사 후 자신만의 커리어를 바탕으로 일을 하는 '파이어족'을 꿈꾼다. 이 책은 그런 분들을 위해 작성했다. 비록 희망하는 일을 당장 하기 제한되는 사회 환경이지만, 그 속에서도 자신에게 가장 유리한 '미래가치'를 발견하길 바라기 때문이다. 그래서 정해진 한계 안에서 살지 않아 들어야 했던 주변인들의 많은 반대나 부정적인 메시지를 오기로 꽉 찬 도전 에너지로 바꿔 원하던 것을 성취하려 노력했다. 엄마 말을 듣지 않아 비 올 때마다 울던 이야기 속 청개구리가 아닌 불필요한 말만 듣지 않는 선택적 청개구리로 살면서 말이다.

이 책은 유명한 사람의 성공 스토리가 아니다. 비록 다양한 가능성과 방법이 존재하지만 쉽게 접하지 못해 공유되지 못했던 개인적 경험을 말하고 싶다. 왜 남들이 그렇게 가기 싫어하는 군대를 직장으로 선택하게 되었는지, 어떻게 대학부터 대학원까지 국비로 다녔는지, 왜 이라크 파병과 이집트 유학은 가게 되었는지, 왜 군인연금이 퇴직 후 다음 커리어를 위해 유리한지 등 말이다. 나만의 완성된 스토리는 퇴직 후 그토록 바라던 대사관에서 일하게 해줬고, 일찍 받는 군인연금은 경제적 만족감을 넘어 자신감마저 높여 줬다.

배는 항구에 있을 때 가장 평온하고 안전하다고 한다. 그런데 거센 파도가 위험해 출항하지 않는다면 사실상 그 배는 존재할 이유가 없다. 어떤 조직에서라도 나에게 필요하거나 나에게만 유리한 커리어가 반드시 있고, 또 누군가는 그것을 이미 도전해서 성취한 경험을 갖고도 있다. 그래서 어떤 곳에서든 적극적으로 내 미래 커리어가 될 만한 것을 찾아내고 도전해서 성취해야 한다. 우리 앞에 닥친 현재의 위기만 볼 것이 아니다. 당장은 아니더라도 내가 원하는 항해를 하려고 계획하고 실행하고 있는 분들께 조금이나마 도움이 되길 바란다.

목차

3장. 도전 | 나만의 에베레스트에 올라서라.

4장. 열정 | 재미없는 '필수' 보다 재미있는 '선택' 을 하라.

5장. 의지 | 길이 없다면, 만들어서라도 가라.

1장

선택

답은 그리
멀지 않은 곳에 있다.

16살, 스스로 선택을 하며 알게 된 설득의 기술

한국 부모님들의 자녀에 대한 교육열은 아마 세계 최고일 것이다. 영어 유치원부터 해외 유학까지 부모로서의 정신적, 물질적 지원을 아끼지 않고 자녀들의 학업 능력 향상을 위해 최선을 다한다. 이렇게 교육에 집중 하는 것은 과거 우리 부모님이 겪었던 6·25전쟁, 우리 세대가 겪었던 IMF가 주된 이유일 것이다. 무너진 정치적, 경제적 시스템에서 교육만이 성공으로 가는 열쇠라는 인식이 가정과 학교에 자리 잡았다. 아쉬운 것은 예전이나 지금이나 공부를 하는 학생들은 뭐가 되고 싶은지, 뭘 하고 싶은지, 뭘 공부해야 할지에 대한 고민 없이 앞으로만 달려가고 있다는 사실이다. 그저 '대학이 성공'이라는 일관된 생각을 갖고서 말이다.

나는 어릴 때부터 호기심과 궁금증이 많았다. 그렇다고 위험한 행동은 하지 않았다. 새로운 것을 궁금해하고 시도하는 것을 좋아했지만 무작정 뛰어드는 성격은 아니었다. 항상 마음속에 '왜', '어떻게' 라는 단어를 품고 살았다. 궁금한 것은 많았지만 속 시원하게 해결되는 게 많지 않았다. 과묵하고 순응하는 것을 바랐던 당시 사회 분위기에서 어린아이의 모든 궁금증이 해결되기보단 그저 받아들이고 살아야만 했다.

지금도 생각나는 일화가 있다. 물론 교회에 대한 부정적 이야기를 하려고 하는 것이 아니다. 초등학교 때 교회 목사님의 설교를 듣고 궁금증이 생겼다. "하나님의 형상대로 인간을 만드셨다."는 당시 설교는 어린 나에겐 신선한 충격이었다. '하나님도 사람처럼 팔다리가 있다고? 그런 말인가?' 라는 생각에 설교 후 목사님께 여쭤봤다. "하나님도 인간처럼 팔다리가 있나요?" 라고 말이다. 목사님께서는 하나님은 인간이 아니신데 어떻게 팔다리가 있으시겠냐고 그런 외적인 모습이 아니라고 말씀하셨다. 목사님 말씀이 이해가 잘되지 않았고 형상이란 모양이나 모습을 말하는 건데 왜 하나님의 형상대로 인간을 만들었다고 하는 거냐고 쫓아가며 물어봤던 기억이 있다.

중학생이 되면서 본격적으로 도전과 성취에 대한 욕구가 생긴 것 같다. 일종의 'Wish List'를 의도하지는 않았지만 나도 모르게 하나씩 계획하고 실행하게 되었다. 중학교 1학년 당시 매주 월요일에 전교생이 운동장에 모여 아침 조회를 했다. 그 자리에 난 중학교라는 새로운 환경에 대한 기대감은커녕 두려움만 느끼며 무기력하게 서 있었다. 앞으로 어떻게 3년간 중학교 생활을 해야 할지의 설렘보다 초등학교보다 무서워진 선생님들과 형들에 대한 두려움에 아무런 생각이 나지 않았다.

그렇게 두려움만 느끼며 서 있던 내 눈에 한 장면이 들어왔다. 교장 선생님 주관으로 학년별 새로운 임원 임명 및 성적우수자 상장 수여식을 단상에서 실시한 것이다. 각 학년 1반 반장과 부반장 총 6명이 대표로 임명장, 성적우수자는 성적우수 상장을 받았다. 밑에서 그 모습을 지켜보던 나는 갑자기 단상 위에서 임명장과 상장을 받는 학생들의 모습이 너무 멋져 보였다. 참석자 2,000여 명 중 대표로 저 단상에 서 있을 때 어떤 기분일까, 나 스스로가 얼마나 자랑스러울까 하는 생각에 순간 엄청난 흥분감에 빠졌다. 급기야 그 자리에 서 있는 내 모습을 상상하며 교실로 향했다.

그때, 거창하진 않지만 내게는 의미 있는 도전을 하자고 결심했다. 중학교 졸업하기 전에 전교생이 보는 앞에서 대표로 상장받기를 목표로 삼은 것이다. 어떻게든 그 자리에 올라 어떤 기분인지 얼마나 뿌듯한지 직접 느껴보고 싶었다. 내가 전교생 앞에서 임명장이나 상장을 받는 사람이 되기 위해선 둘 중 하나는 되어야 했다. 사실 답은 간단했지만 말처럼 그리 쉬운 것은 아니었다.

성적우수자가 되기 위해선 전교에서 1등이 되어야 했고, 임명장을 받기 위해선 각 학년 1반에서 반장이나 부반장이 되어야 했다. 노력과 운이 같이 동반되어야 둘 중 하나는 할 수 있었다. 그래서 일단 공부를 열심히 했다. 이루기 힘든 목표였지만 최선을 다해서 공부 했다. 그나마 1반의 반장이나 부반장이라는 운보다는 노력의 가능성이 더 크다고 생각했기 때문이다.

1년이 지나 2학년이 되었지만 난 이 두 가지를 이룰 수 없었다. 이유는 간단했다. 난 1반도 아니었고 전교 1등도 아니었기 때문이다. 이상한 것은 목표를 향해 달려온 지난 1년이란 중학교 생활이 생각보다 재미있었다. 비록 목표를 못 이루었지만 그 목표를 이루기 위해 노력하다 얻은 것도 분명히 있었기 때문이다. 성적은 지속적으로 올라 상위권에 들어왔고 1반만 되면 무조건 반장이 되겠다는 의지 또한 내 안에 가득했다.

그렇게 마지막 기회인 3학년이 되었다. 더 이상의 기회는 없었다. 간절함과 더불어 초조함이 극에 달했다. 마지막 반 편성 결과 난 아쉽게도 2반이 되었다. 기대한 만큼 실망감이 컸다. 열심히 공부해서 성적을 많이 올렸지만 내 앞에 있는 친구 30여 명 정도가 집단으로 시험을 보지 않아야 내가 단상에 올라갈 수 있었다. 사실상 성적우수자 상장은 포기해야 했었고 오로지 남은 기회는 1반이었는데 그마저도 포기해야 하는 상황이 온 것이다. 모든 결과를 받아들여야 한다고 생각을 했다. 지금까지 갖고 있던 욕구와 열정도 식어갔다.

3학년 2반 반장 선거일이 되었다. 아침에 등교하며 생각을 했다. '어차피 단상에 설 목표를 달성하지 못했는데 반장이라도 돼서 기분을 풀어야겠다.' 왜 그런 생각이 갑자기 들었는지 모르겠다. 그날 반장 선거에 출마했고 아깝게 1표 차이 그것도 역전패로 부반장이 되었다. 마지막 자존심마저 지키지 못해 자존감은 바닥을 쳤다. 보통 첫 계획이 실현된다면 우리의 인생 설계와 실행에 있어서 큰 힘과 이정표가 되겠지만 14살의 내 첫 계획은 그렇게 실패로 돌아가는 듯했다.

그 후, 놀라운 일이 벌어졌다. 내 간절함이 결국 현실로 나타났다. 3

학년 1반 부반장의 결석으로 2반 부반장인 내가 3년간 소망하던 임명장을 단상에서 받게 된 것이다. 그때 내가 느낀 성취감은 정말 최고였다. 단상에서 내려다보던 그 기분은 정말 짜릿했다. 처음 단상을 바라보며 꿈 꿨던 내 모습이 생각났다. 더불어 지난 2년간 포기하지 않고 노력했던 내 자신이 자랑스러웠다. 비록 그 누구도 내 도전을 몰랐지만 난 스스로를 자랑스러워했다.

많은 것을 느끼고 배웠다. 꿈을 꾸고 실행하고 성취하는 맛에 완전히 빠져버렸다. 다음 목표가 필요했고 다시 성취감을 맛보고 싶었다. 거창하거나 대단하지 않아도 혼자 꿈꾸고 이뤄낼 그런 사소한 도전이 필요했다. 충분하진 않았지만 주변에서 여러 가지 정보를 모으기 시작했다. 그러다 발견한 것이 고등학교 진학에 관한 것이었다. 이왕 가야 한다면 남들과 다른 곳으로 가고 싶었다. 대부분의 학생이 진학하는 인문계 고등학교가 아닌 나만의 특별한 학교에 가고 싶었다.

몇 달 동안 여러 학교의 정보를 모았다. A전자공고, B기계공고, C해사고 등등 계열을 넘어 다양하게 확인했다. 그러다 한 학교에 마음이 끌렸다. 그것은 바로 외국어를 특성화한 외국어고등학교였다. 어릴 때부터 관심이 많았던 외국어 분야라는 특별함까지 갖춰 좋았다. 아무런 고민 없이 외고 진학을 다음 도전 목표로 정했다.

그때 놀라운 사실 하나를 발견했다. 나의 첫 도전이었던 단상에 올라가기 위한 노력이 외고 진학하기란 두 번째 도전과 자연스럽게 연결이 됐다는 점이다. 단상에 오르기 위해 열심히 공부한 결과가 나를 외고에도 지원할 수 있는 나로 만들어 줬다. 외고를 가기 위해 공부한 게 아닌데 정말 신기하게도 모든 상황이 나를 도와주는 것 같았다.

도전에는 항상 조건과 변수가 동반한다. 나의 첫 도전이 전교 1등이 되어야 했거나 1반이 되어야 했던 것이 조건이자 변수로 작용한 것처럼 말이다. 이번 변수는 바로 부모님이셨다. 평범하게 인문계 고등학교를 진학해 대학에 진학하길 바라셨다. 일반 고등학교를 다니면 상대적으로 성적도 잘 나오고 좋은 대학에 진학할 가능성도 크다는 것이다. 왜 외고를 가서 공부 잘하는 친구들 사이에서 어렵게 경쟁하고 굳이 상처까지 받으려 하느냐는 것이 부모님 말씀의 요점이었다. 물론 지금은 아이를 키우는 부모로서 그 말씀을 공감하지만 그 당시 중학생인 나는 그것까지 생각하진 못했다.

어쨌든 나의 도전을 위해 부모님께 말씀을 드려야 했다. 중학생이라 지금처럼 똑 부러지게 말을 하진 못했지만 내 뜻을 전하려 최선을 다해 노력했다. "저는 남들처럼 살기 싫은데요. 다른 애들보다 재밌게 나만 할 수 있는 특별한 곳에서 살고 싶어요. 물론 당장 어떻게 해야 할지 자세하게는 모르겠는데요. 지금은 외고에 합격해야겠다는 생각뿐이에요. 만약 외고 진학 후 학교생활이 말씀하신 대로 후회된다면 동네 고등학교로 전학 갈게요."라는 의미로 말이다. 어떻게 어린 나이에 부모님께 솔직한 심정을 말씀드릴 용기가 났는지 지금도 알 수 없다. 게다가 자식교육에 꽤나 엄격하고 진지하셨던 부모님께서 허락을 해주신 이유도 다 이해가 되지 않았다. 나중에 부모님께서는 '본인이 계획한 인생은 성공이든 실패든 직접 책임지는 것도 어른이 되기 위한 과정'이라고 하셨다.

한 가지 확실한 것은 내 도전의 시작은 중학교 1학년 3월, 어느 날 단상에 오르고 싶다는 단순한 생각에서 시작되었다는 점이다. 목표를 정하고 도전하기 위해 생각하고 계획하고 수정하고 실행했던 모든 것들이 머릿속에 고스란히 남아있었다. 왜 그것을 하고 싶은지 왜 그것을 해야만 하는지 말이다. 그렇게 내가 생각하고 고민하고 체계적으로 실행에 옮겼던 모든 것들은 내가 설득해야 하는 상대에게는 나에 대한 믿음과 진정성을 준다.

살다 보면 넘어서기 힘들 것 같은 크고 작은 봉우리를 만난다. 그렇다고 봉우리를 넘는다고 반드시 원했던 내리막이나 평지가 있다고 할 수도 없다. 우리는 최선을 다해 그 봉우리를 향해 간다. 어떻게든 정상에 도착할 것이고 반드시 다음 봉우리를 향해 갈 것이라고 다짐하면서 말이다. 목표를 향해 나아갈 때만이 마침내 정상에서 정복의 기쁨을 맛볼 것이다. 그런 다음 정상이 높아 포기하려는 사람들에게 뭐라고 말해 줄 수 있을까? 그 길을 통해 정상에 올랐다는 경험보다 더 값진 설득의 방법은 없다.

마땅히 행할 길을 아이에게 가르쳐라.
그리하면 늙어도 그것을 떠나지 않으리라.
탈무드

내 생애 첫 좌절을 통해 겸손을 배우다.

우리는 살면서 "원숭이도 나무에서 떨어질 때가 있다", "빈 수레가 요란하다" 와 같은 말을 많이 들으며 산다. 자신이 하는 일을 잘한다고 자만하다가 큰 실수를 했을 때 자주 듣는 말이다. 인생을 살면서 이 말을 몸소 느끼게 하는 사건이 일어나지 않기를 바라지만 우리의 바람과는 다르게 종종 일어난다. 이러한 좌절은 나이나 경험과는 상관없이 깊은 상처와 후유증을 남긴다. 물론 좌절을 극복한다면 인생을 살아가면서 필요한 자신감과 노하우를 얻을 수 있다.

유광선의 《와일드 이펙트》에서 작가는 나무의 가지가 뻗어 나올 때 생기는 옹이가 없다는 것은 나무의 성장이 이미 멈췄다는 것이라고 말한다. 옹이가 없거나 적다는 것은 제대로 성장하지 못한 나무라 고급 원목 재료로서의 가치가 없다는 것을 의미한다. 반면에 옹이가 많다는 것은 오랜 기간 거칠고 변화무쌍한 환경과 싸워 이긴 나무라는 것이다. 우리도 나무와 많이 닮아 바람, 태양, 눈, 비 등 변화의 시간을 이겨 낸다면 옹이처럼 고급 원목 재료로서의 가치 또한 높일 수 있을 것이다.

외국어고등학교 입학으로 난 나의 두 번째 도전과제를 달성했다. 첫 도전에서 맛본 성취감 이상으로 외고 입학은 나에게 또 다른 자신감과 만족감을 주었다. 중학교 때와는 달리 버스를 두 번이나 갈아타고 가야 하는 것도 학교에 가기 위해 올라야 했던 아주 가파른 언덕도 좋았다. 가파른 언덕 위에서 내려다본 주변 풍경을 보며 나 스스로가 대견스러웠다.

고등학교 1학년 생활은 즐거움 그 자체였다. 외고생이란 달콤함에 빠져들었다. 어디를 가든 자랑스럽게 교복을 입고 다녔다. 교복을 알아보고 먼저 말을 거는 사람들의 반응을 즐겼다. 다니는 학교만으로도 많은 관심을 받는 모습을 보고 나의 도전은 성공적이라고 생각했다.

조금씩 내 눈의 콩깍지가 벗겨지기 시작했다. 외고생의 만족감이나 교복이 주는 자긍심에서 벗어나 외고의 실제 모습이 조금씩 보이기 시작했다. 나처럼 마냥 즐겁지만은 않은 친구들의 얼굴이 보였다. 하루 종일 의자에 앉아 책 만 보는 친구들의 얼굴도 보였다. 집에선 하루에 4시간 정도 잠만 잤고 아침, 점심, 저녁 식사를 학교에서 해결 했다. 주말에도 학교에서 공부하고 있는 나를 발견했다. 드디어 외고생이 된 것이었다.

이전과는 다르게 정말 열심히 공부했다. 사실 열심히 하지 않을 수 없는 분위기였다. 모든 학생이 자리에 앉아 새벽부터 밤까지 공부만 했다. 조용한 분위기에서 다른 누구와도 길게 얘기를 나눌 수 없었다. 말 그대로 실내는 조용하다 못해 적막했다. 물론 점심이나 저녁 식사 시간에는 길게 얘기도 나누고 운동장에서 축구나 농구도 할 수 있었다.

1학년 첫 중간고사 시험을 쳤다. 이 첫 시험을 위해 모두가 그렇게 열심히 공부한 것이다. 첫 시험의 결과가 외고에서 자신의 출발점을 의미했기 때문이다. 나의 중간고사 성적은 반에서 중간 정도였다. 내심 기대도 했지만 열심히 공부한 결과치곤 형편없었다. 실망은 짧게 하고 어떻게든 기말고사 시험에는 성적을 올려야만 했다. 하지만 내가 공부를 하는 것보다 더 친구들은 공부를 했고 기말고사 시험의 결과는 중간고사보다 더 참담했다.

외고 진학 전에 부모님께서 하셨던 말씀이 이젠 이해가 됐다. 너무 막강한 경쟁 상대였다. 이렇게 계속 간다면 끝이 뻔히 보이는 것 같았다. 1학년 기말고사 후로 나처럼 생각하는 친구들이 늘어났다. 생각했던 것보다 성적이 나오지 않자 자신감과 자존감이 바닥으로 떨어졌기 때문이다. 그로 인해 몇몇 친구들은 내신을 잡기 위해 일반고로 전학을 가기 시작했다.

친했던 울산 출신 친구가 자신의 동네 고등학교로 전학을 갔다. 떨어지는 성적과 떠나가는 친구들을 보며 점점 외고가 재미없어지기 시작했다. 새로운 결심이 필요했다. 정말 곰곰이 생각했다. 외고를 계속 다닐 것인지 아니면 일반고로 전학을 갈 것인지 말이다. 우선 재학 여부를 결정해야 그다음도 생각할 수 있었다. 중학교 때 외고를 목표로 도전했던 것부터 다시 생각했다. 내가 어떻게 오게 되었는지, 뭘 느꼈는지 그리고 어떻게 해야 할 것인지를 말이다.

여름방학 동안 많은 생각을 했다. 마침내 난 결론을 내렸다. 외고가 목표라 진학했으니 일단 졸업장을 받자. 성적에 대한 스트레스만 없다면 외고 재학에 대한 만족감은 상당히 높았다. 난 '재학을 하든 전학을 가든 고등학교를 다녀야 한다. 이왕 받아야 한다면 외고 졸업장을 받자.' 라고 결론을 내렸다. 신기하게도 그렇게 결론을 내리자 시험 등수에 대한 스트레스가 조금 사라진 듯 했다.

대학에 가는 방법도 수정해야 했다. 내신 등급이 아닌 수학능력평가 등급으로 대학을 진학해야 했다. 외고의 특성상 어문계열 진학 시 수능등급을 적용해 희망하는 대학에 진학할 수 있었다. 당시 고등학생 중에 구체적인 꿈을 갖고 있던 친구들이 거의 없었다. 열심히 공부해서 나온 내신과 수능성적으로 갈 수 있는 대학에 지원하는 것이었다. 대학 진학이 인생의 성공이었으니 말이다. 나 또한 다른 친구들과 크게 다르지 않았다. 대학은 가고 싶은지, 아니면 가야만 하는지도 진정으로 생각해 본 적 없었다. 그저 옆집 형, 사촌 형도 갔으니 당연히 나도 가야 되는 곳으로 받아들이고 있을 뿐이었다.

이루고 싶은 꿈은 없었지만 대학은 가고 싶었다. 그렇다고 어떤 대학, 어떤 전공을 해야 하는지를 생각하진 않았다. 남들처럼 점수에 맞춰 대학이라는 곳을 가기만 하자라고 생각을 했다. 무엇인가 빠진 것 같아 목표를 정하기 힘들었다. 아무리 생각을 해도 가고 싶은 대학이나 공부하고 싶은 분야가 없었다. 수능으로 대학을 가기 위해서 내신에 대한 관심은 버리고 수능에 맞는 공부에 초점을 맞췄다.

《와일드 이펙트》 작가는 법대생이었지만 사업을 하며 재미를 느꼈다. 법대 진학의 이유가 본인이 아니고 부모님의 권유였기 때문이었다. 물론 부모님들의 기대나 바람을 거역하기 쉽지 않다. 그건 자식에 대한 부모님들의 지분이 절대적으로 많기 때문일 것이다. 용기를 낸 작가는 일반적인 법대생들의 삶에서 이탈하여 본인이 좋아하는 인생을 즐겁게 살아갔다.

나 또한 크게 다르지 않았다. 대학 진학의 이유도 목적도 찾을 수 없었다. 도전과 성취를 좋아하는 나는 완전히 길을 잃어버렸다. 예상도 하지 못한 성적 부진으로 나의 도전에 대한 갈망과 의욕은 완전히 사라졌다. 부모님께도 많이 죄송했다. 입학 전부터 걱정하셨던 부분이라 더 말씀을 드리기 힘들었다. 아무것도 생각할 수 없었다. 아니 사실 아무런 생각도 하기 싫었다. 그냥 목적 없는 학생이 되어 3학년을 마쳤다. 물론 수능에 맞게 대학을 갔지만 학교에 다닐 목적도 재미도 없었다. 결국, 1학년 2학기를 다니던 중 대학을 그만뒀다.

그렇게 내 인생의 첫 슬럼프가 찾아왔다. 어떠한 생각도 어떠한 의욕도 없는 좌절감으로 둘러싸인 재수생이 되었다. 당연히 우수한 학생이 될 것이라고 좋은 대학에 갈 것이라고 호언장담하며 입학했던 내 자신이 창피했다. 인생의 많은 경험을 한 부모님 눈에는 이미 이런 가능성이 눈에 보였을 것이다. 외고 진학을 희망한다고 했을 때 우려로 말씀하신 것이 바로 성적 저하로 인한 좌절이었다. 열정과 도전정신만으로 달려온 나는 좌절 앞에서 연륜과 경험을 통해 얻을 수 있는 지혜의 중요성을 알게 되었다.

우리 속담에 "벼는 익을수록 고개를 숙인다."는 말이 있다. 인격이나 지식의 정도가 높을수록 점점 더 겸손해진다는 표현이다. 왜 이런 표현이 속담으로 존재할까 하고 생각해 봤다. 지식과 인격이 높고 자랑거리가 넘쳐나면 자칫 자만에 빠지게 된다. 이런 자만은 합리적 생각을 방해해서 하던 일에 부정적 영향을 끼쳐 결국, 좌절하게 한다. 때론 우리는 지혜로운 사람의 연륜과 경험을 받아들여 고개를 숙여야 할 순간도 필요하다.

> 시도했다가 실패하는 것은 죄가 아니다.
> 유일한 죄악은 시도하지 않는 것이다.
> 탈무드

남으로부터 배달 된 운명이라도 괜찮아.

"친구 따라 강남 간다."는 말이 있다. 원래 자신은 할 마음이 없었지만 친구가 하니까 덩달아 하게 될 때 쓰는 표현이다. 물론 따라간 강남에서 뜻하지 않게 긍정적이거나 행운의 기회를 만난다면 더할 나위 없이 좋다. 사람은 아는 만큼 보이고 보이는 만큼 믿는 경향이 있다. 즉, 혼자 모든 것을 보고 믿는 것은 한계가 있다는 말이다. 반면에 누군가 건넨 사소한 아이디어로 쉽게 그 한계를 넘어설 때도 있다.

결국, 고등학교 졸업 후 목적 없이 입학한 대학은 1학기를 다녔고 2학기 종강 전에 자퇴했다. 목표가 뚜렷하지 않았고 그냥 주변 분위기에 맞춰 다녔던 탓에 전혀 흥미가 없었다. 남들 다 가는 '군대나 가야겠다.'며 공부도 하지 않고 대학 첫 학기를 다른 신입생들처럼 동아리 활동으로만 보냈다.

고등학교 때부터 가고 싶은 대학이 없었으니 대입 수학능력시험을 잘 봤을 리가 없다. 목표가 없는데 내가 부족한지 충분한지 확인할 필요가 없었다. 친구들은 모두 원하는 대학이 있었지만 나는 없었고 모두들 간다고 하니 그냥 4년제 대학을 목표로 했다. 내 수능성적으로 아주 좋은 대학은 갈 수 없었고 중상위권 대학은 노려볼 만했지만 여전히 문제는 나 자신이었다. 아직 난 슬럼프에서 나오지 못하고 있었다. 성적 범위 내 몇 곳의 대학에 원서를 냈고 그중 집에서 가까운 곳으로 등록을 했다. 고등학교를 졸업 했다는 것과 성인으로서 할 수 있는 것이 많아졌다는 즐거움을 제외하곤 대학이 재밌진 않았다.

아무런 생각 없이 신입생 생활을 즐겼다. 학교엔 갔지만 수업은 형식적으로 앉아만 있었다. 나머지 시간은 동아리방에서 보냈고 술과 동아리 외엔 신입생 시절이 기억나는 게 없다. 그렇게 나의 자유로웠던 20살을 방황으로 보냈다. 곧 도살장으로 끌려가는 소나 돼지처럼 무기력했다. 그 무기력함으로부터 벗어날 생각조차 하지 않았다. 1998년 1월에 군입대를 계획해서 그 후에 전역하면 그때 다시 고민해봐야겠다는 생각만 갖고 있었다.

1학기가 끝나고 여름방학이었다. 아버지 친구분이 근무하셨던 해운대 바닷가 옆 호텔에서 주차장 관리 아르바이트를 했다. 약 한달 반 정도의 호텔 아르바이트가 무기력하던 내게 다시 자극을 불러왔다. 같이 일 했던 형, 누나 등 동료들과 많은 얘기를 하다 보니 무기력하게 사는 내 모습에 대한 회의감이 밀려왔다. 게다가 일하면서 마주치는 호텔리어들의 모습을 보며 폼 나게 살고 싶다는 생각을 다시 했다. 자신만의 일을 하는 어른들의 모습이 정말 멋져보였다. 멋있는 내 인생을 살려면 지금의 길에서 정신 차려야 하는지 아니면 새롭게 길을 찾아야 하는지 머리가 복잡했다.

아르바이트 퇴근 후 해운대 바닷가에 앉아 매일 생각했다. 때로는 친한 친구들과 술 한잔하며 생각도 공유했다. 정해진 아르바이트 기간이 남았지만 결국 7월 31일 아르바이트를 그만뒀다. 다음 날부터 송정에 있는 고시원으로 들어가 공부하기로 결정했기 때문이다. 비록 수능시험이 고작 3개월 정도 남았지만 수능을 새로 봐서 서울에 있는 대학으로 진학하기로 마음을 먹었다. 아직 어느 대학을 갈지 결정하지 못했지만 이번엔 원하는 대학을 꼭 찾아 지원하겠다고 다짐했다. 그렇게 다시 도전해야 할 목표가 생겼다.

고시원에 들어가기 전에 할 일이 있었다. 나 스스로 각오를 다져야 했다. 순간적인 객기로 재수를 결정한 게 아니라고 나 자신과 가족들에게 보여줘야 했다. 그래서 삭발을 하고 집에 들어갔다. 고등학교 졸업하며 머리를 많이 길렀지만 과감히 삭발했다. 지금까지 방황한 나에게 주는 경고였다. 당연히 부모님은 처음엔 반대를 좀 하셨지만 성적이 원하는 만큼 나오지 않을 경우 군입대 하고 전역 후 복학하겠다고 말씀을 드려 허락을 받았다.

그렇게 재수생활이 시작됐다. 늦은 만큼 잠을 줄여가며 공부를 했다. 돌아갈 학교는 없고 화려한 미래는 서울에 있다는 생각으로 열심히 공부했다. 다행히 고시원 생활을 같이했던 고등학교 친구 2명이 있어 석 달이라는 짧고 치열한 기간을 잘 넘길 수 있었다. 11월 초에 난 집으로 돌아왔고 2주 뒤 1998학년도 수학능력시험을 다시 쳤다.

일단 시험은 끝났지만 할 일은 남아있었다. 학교와 전공을 선택해야 했다. 이번엔 학교와 전공을 선택해서 대입 원서를 써야만 했다. 점수만으로 지원하는 것이 아닌 가고 싶은 대학과 전공과목을 선택하는 것이 목표였다. 고시원 앞 송정 바닷가를 새벽에 거닐며 나 스스로에게 가장 하고 싶은 것이 무엇인지 계속 물었다. 외고 갈 때 와 같이 외국어를 전공해서 외국에서 일하며 살고 싶다는 결론이 나왔다. 그렇게 난 외대에서 공부하고 싶어졌다.

수능 성적이 나온 후 대입 원서를 쓰기 위해 고등학교에 갔다. 원서를 쓰러 가니 새로 수능을 본 친구들이 꽤 있었다. 같은 과 친구, 같은 학년 친구 등 저마다 여러 이유로 다시 도전했던 것이다. 사실 난 외대 원서를 쓰는 그 순간까지 어떤 외국어를 전공해야 할지 결정하지 못했다. 영어, 불어, 독어, 중국어, 일어 등 많은 사람이 관심 갖는 언어가 아닌 모두에게 출발선이 동일한 새로운 외국어가 필요했다. 그렇게 시간이 꽤 흘렀다.

그때 중학교와 고등학교를 함께 다닌 친구가 내게 다가왔다. "뭘 그렇게 고민해? 그냥 아랍어과 가!" 라고 얘기를 했다. 난 "아랍어? 그게 어느 나라 말인데?" 라며 말했다. 사실 아랍어라는 것은 들어보지도 못했고 생각하지도 않은 언어였다. 친구는 "기름이 엄청나게 나와서 기름으로 먹고 사는 나라가 쓰는 언어라고 하더라." 라며 추가 설명을 해줬다. 난 "거기 가면 엄마한테 혼날 것 같은데"라며 쓸데없는 소리 하지 말라며 친구를 돌려보냈다.

중학교 2학년 때 외국에서 전학 온 이 친구는 평소에도 깊이 있게 진지하게 말하는 친구는 아니었다. 당연히 "오늘도 여전히 도움이 안 되네 쓸데없는 소리만 하고…" 라며 흘려들었다. 내 말과는 다르게 내 머리에는 계속 아랍어라는 단어만 맴돌았다. '석유 매장량이 곧 바닥이 난다고 했지만 내가 살아있는 동안에는 큰 문제가 없을 것 같은데…', '그 언어를 공부하는 사람도 많지 않아 열심히 하면 승산이 있어 보이는데…' 라며 계속 그 동네 관련 생각에 빠져들고 있었다.

결국 아랍어를 전공하기로 마음을 먹고 원서를 썼다. 도전을 좋아하고 계획과 실행에 주저하지 않는 성격이지만 이번엔 말 그대로 정말 도전일 것 같았다. 항상 스스로의 생각과 판단을 믿었지만 이번엔 친구의 도움을 받았다. 부정하려 노력했지만 그렇게 하지 못했다. 나도 모르게 뭔가 동질감을 느꼈다는 것 말고는 설명하기 쉽지 않았다. 심사숙고해서 결정하겠다고 재수를 한 내가 처음으로 들어본 언어를 친구에게서 듣고 바로 결정하게 될 줄은 꿈에도 몰랐다.

《생각이 너무 많은 서른 살에게》를 보면 예상하지 못한 것으로부터 도움을 받아 심적 큰 위로를 받은 작가의 얘기가 나온다. 회사의 개인 평가 결과로 자존감이 바닥까지 떨어진 작가는 본인의 억울하고 상처난 마음을 "우물 안 개구리"라는 제목의 글로 적어 사내 모든 디자이너에게 공유했다. 단지 지금 우리도 충분히 괜찮다는 메시지를 전하기 위해 작성한 그 글에 많은 사람들은 공감했고 그들의 공감을 보며 작가도 나 혼자 힘든 게 아니라는 사실을 알게 되어 엄청난 위로가 되었다고 한다.

슬럼프를 탈출하기 위해 노력한 세 달이라는 시간은 짧고 치열했다. 내 노력이 무색하게 결국 답 또한 내가 아닌 다른 이에게서 왔다. 그것도 평소 분위기 파악 못 해 말을 신뢰하지 않던 친구에게서 말이다. 다시 생각해 보면 기가 막힌 타이밍이었다. 대입 원서를 같은 날 같은 시간대에 쓴다는 것도 그 시간에 나를 만나게 된 것도 신기하다. 그냥 안부를 물으며 지나가면 될 것을 내가 묻지도 않은 본인의 생각을 말한 것도 신기하다. 그 덕에 지금은 다양한 의견을 들으려고 노력한다. 좋고 나쁜 의견이 있는 것이 아니다. 다양한 의견 중에 나에게 맞는 의견과 그렇지 못한 의견이 있을 뿐이다. 다양한 의견은 환영해도 된다. 어차피 가장 중요한 선택은 오로지 내 몫이기 때문이다.

입은 하나지만 귀가 두 개인 이유는 자신의 말은 적게 하고 상대의 말을 많이 들으라는 의미라고 한다. 그렇다고 무턱대고 남의 말을 무조건 믿고 행동으로 옮기는 것도 올바른 행동은 아니다. 만약 누군가 바쁜 시간을 쪼개어 나에게 자신의 생각을 전한다면 한번 듣고 생각해 볼 필요는 있다. 본인의 귀한 시간에 남에게 불필요한 말을 전하는 사람은 드물기 때문이다. 좋은 아이디어가 떠올라 주체할 수 없어 지금 나에게 알려주고 있을 수도 있으니까 말이다.

> 우리의 인생도 어떻게 선택을 하느냐에 따라서
> 인생의 결과도 달라질 수 있어.
> 영화 포레스트 검프

나는 뭘 하고 싶은 걸까?

유광선 작가의 《와일드 이펙트》를 보면 상상의 긍정적인 영향에 관한 이야기가 나온다. 자신이 달성하고자 하는 목표를 가진 사람은 행복하며, 꿈을 달성하는 상상의 설렘으로 지루함을 잊고 조급함에 빠지지 않는다고 말이다. 꿈을 꾸고 이를 향해 달려가는 것이 이렇게나 행복한데 우리는 좀처럼 이 행복의 전제 조건인 꿈을 꾸는 것조차 쉽게 하지 못한다. 그럼에도 행복을 위해 우선 꿈꾸고 달성하고자 하는 목표는 항상 있어야 한다. 만약 그렇다면 우리는 목표를 향해 달려가는 하루하루가 설레고 행복할 것이기 때문이다.

세 달의 재수 아닌 재수 생활을 청산하고 친구가 아이디어를 준 아랍어과에 입학을 했다. 충분하지 못한 기간이었지만 최선을 다했고 비록 예전보다 성적이 오르진 않았지만 목표로 했던 학교에 합격해서 마음이 편했다. "어차피 이 학교에서 공부할 줄 알았으면 작년에 원서를 써 볼 걸 그랬다"라는 아쉬운 마음이 들기도 했다. 그러다 한편으로 작년 나의 첫 신입생 생활을 기억해 보니 꼭 아쉽지만은 않았다. 슬럼프를 극복하지 못하고 이전 대학에서와 똑같은 신입생 생활을 했을 것이란 확신이 들었기 때문이다.

새롭게 시작된 학교생활은 모든 것이 낯설고 적응을 해야 했다. 슬럼프를 극복하고 새로운 도전을 위해 너무 멀리 온 것 같아 가끔 후회도 했다. 새로운 학교생활이 즐겁고 기뻤지만 집 떠난 첫 학기라 사실 외롭기도 했다. 누구의 도움도 쉽게 받을 수 없이 오로지 나 혼자만의 생활을 해야 했다. 부모님의 관심과 도움이 있던 집에서 떠나 스스로가 선택한 독립 아닌 독립을 하고 있었다.

집에서 400Km 이상 떨어져 있어 가고 싶다고 쉽게 갈 수 있는 거리는 아니었다. 최대한 참겠지만 '한 달에 한 번은 집에 꼭 가야지.'라는 생각 아닌 각오로 버텼다. 매일 먹는 식사도 고민이 되는 순간이었다. 먹는 것에 그렇게 신경 쓰지 않았는데 이제는 무엇을 먹을지, 어디서 먹을지를 고민해야 했다. 물론 평일에는 학교에서 친구들과 같이 점심도 저녁도 먹으니 큰 걱정은 없었다. 그냥 따라가서 같은 음식을 먹으면 되니까 말이다.

주말에는 정말 큰 일이었다. 메뉴도 메뉴지만 혼자 가서 식사해야 해서 몹시 난감했다. 지금처럼 '혼밥'이 하나의 트렌드로 자리 잡은 시절도 아니었고 무엇보다 난 혼자 밥을 먹기 싫었다. 그래도 다행인 것은 학교 기숙사에 살 수 있어 나 말고도 3명의 타향살이 하는 형들과 같이 보낼 수 있었다. 이미 집을 떠나 신입생을 보냈던 형들에게 여러 가지를 물어가며 점차 적응할 수 있었다. 군 전역 후 복학한 형들은 본인의 취업을 위해 도서관에서 늦게까지 공부하고 들어와서 피곤했지만 언제나 친절하게 답변을 해줬다. 기분이 우울할 땐 같이 소주잔도 기울여줬다.

새로 형이 생긴 기분이었다. 학교에서는 각자의 공부와 사정이 있었지만 방에 들어와서는 서로 웃고 도와주고 챙겨줬다. 학교에서 같은 과 선배, 동기들과 재밌게 지내도 각자 본인의 집으로 난 내 방으로 가야 했다. 시간이 지날수록 내 방에서 내 집 같은 그리고 같이 살던 형들은 가족 같은 느낌을 받았다. 그렇게 집을 떠난 외로움에 조금씩 익숙해지기 시작했다.

학교생활 적응과는 별개로 전공과목은 생각보다 잘 맞았다. 친구의 추천으로 전공하게 되었지만 신기하게도 재미있었다. 물론 생각한 것보다 훨씬 어려웠다. 고등학교 때 불어와 중국어를 배웠지만 그건 아랍어 앞에선 상대가 되지 않았다. 새로운 형태의 글자와 수학 공식과 같은 문법들이 신기했지만 무엇인가 새로 시작한다는 것에 재미와 흥미를 느꼈다. 고시원에서 공부하며 슬럼프 탈출을 위해 다짐했던 그 목표를 조금씩 시작하고 있었다.

아랍어의 재미에 빠졌고 학교생활도 안정기에 접어들면서 졸업 후 진로에 대한 고민에 빠졌다. 다른 신입생들도 취업에 도움이 되는 토익, 영어회화 등과 같은 동아리에만 몰렸다. IMF 여파가 졸업 후 내 취업 전선에도 영향을 미칠 것이라는 뉴스를 심심치 않게 접할 수 있었다. 4학년 형들도 새벽에 일어나 토익학원을 시작으로 하루 종일 도서관에서 취업과의 치열한 전투 중이었다. 일부는 대학원으로 아니면 외국에 인턴십을 지원하여 경력을 쌓길 희망했다.

1학년이라 마냥 즐겁게 새내기 생활을 하면 좋았겠지만 미래 취업을 위한 고민을 해야만 했다. 사실 첫 번째 대학에서 새내기를 보내 지금 학교에서는 새내기처럼 보내고 싶지 않았다. 고등학교 졸업 후 누릴 20살의 즐거움을 이미 느꼈고 너무 어린 나이에 슬럼프도 맛봤기 때문이다. 다시 무기력하게 살고 싶지 않았다. 가슴이 설레고 심장이 뛰는 그런 도전을 하고 싶었다.

취업을 준비하는 형들과 누나들, 그리고 졸업한 선배들을 기준으로 아랍어 전공자들의 졸업 후 주요 취업 분야를 확인했다. 어떠한 곳에서 어떠한 직책으로 일을 하는지 알아야 전공 외에도 복수전공이나 대학원 진학, 유학 등을 결정할 수 있을 것 같았다. 그 당시 내가 생각할 수 있는 최선은 졸업 후 내가 일할 수 있는 직업의 경우의 수를 알아보는 게 전부였다.

졸업한 선배들, 취업을 준비하는 선배들의 희망 직업은 일반 한국기업, 외국계 기업이나 기관, 공무원, 대학원 진학이나 유학 등으로 다양했다. 대기업에서 일하거나 일하기를 원하는 선배들은 전공 외에도 경영을 복수전공하는 추세였다. 전공 언어를 사용하는 것이 아닌 일반적인 회사원으로서 취업을 희망했다. 외국계 기업이나 기관에서 일하기를 원했던 선배들은 영어를 더 집중적으로 공부를 했다. 짧은 어학연수로부터 길게는 유학까지 하면서 영어 능력을 키웠다.

공무원을 희망하는 선배들이 있었다. 처음 이 정보를 들었을 때 놀라지 않을 수 없었다. 아랍어를 전공해서 국가 공무원이 될 거란 생각을 전혀 해보질 못했다. 외대라는 다양하고 특수한 언어들이 공존하는 학교에서조차 아랍어는 신기함의 대상이었기 때문이다. 졸업 후 선배들이 진출한 공무원 분야가 다양하진 않았지만 어딘지 알게 되면 '아~'라고 받아들이기엔 충분했다.

선배들이 주로 진출한 정부기관 및 공기업으로는 외교부, 국가정보원, 대한무역투자진흥공사(코트라)였다. 물론 지금 돌아보면 행정안전부, 통일부, 여성가족부 등에서 일하는 선·후배들과 업무를 종종 했지만 그 당시엔 이 세 곳에 관한 정보 획득만 가능했다. 마지막으로 한국이나 중동국가로의 유학, 학위교육을 통해 대학교수로 남고 싶어 하는 선배들이 있었다.

선배들의 취업 선호도에 대해 물어보고 다니자 형들은 이렇게 말했다. "군대 먼저 갔다 와서 생각해. 지금 생각해 봤자 아무런 쓸모가 없다."라고 말이다. 선배들이 한 말은 사실이다. 대학교 1학년, 그것도 군대도 갔다 오지 않은 신입생이 약 7년 후를 생각한다는 것은 빨라도 너무 빠르다 못해 어이가 없었을 것이다. 군대도 안 갔다 온 1학년 신입생이 군대 생활도, 학교생활도 아닌 졸업 후 취업에 관한 얘기를 한다는 게 말이다.

내가 읽은 김도윤의 《럭키》에서 작가는 공모전에서 열일곱 번의 상을 받은 가장 큰 이유는 공모전을 스스로 찾아 참여했다는 것이라고 말한다. 물론 노력과 실력을 갖춰야만 하겠지만 본인에게 맞는 공모전을 찾는 노력이 선행되어야 한다. 본인에게 맞는 공모전을 먼저 찾고 그것만을 위해 준비하고 도전한다면 수상이라는 결과를 만날 것이다. 또한 작가는 만약 꿈꾸는 미래가 있다면 그 미래로의 도달을 위해 많은 시간을 쓰라고 당부한다. 프랑스 소설가 앙드레 말로의 "오랫동안 꿈을 그리는 사람은 마침내 그 꿈을 닮아간다"는 말처럼 우리의 미래는 우리의 생각, 도전, 경험과 함께한다는 것이다. 도달하고 싶은 미래를 미리 결정하고 많은 시간을 쓴다면 꿈에 도달하기 쉬워진다는 말이기도 하다.

사실 다시 무기력해지기 싫었고 에너지 넘치고 즐겁게 살고 싶었다. 가슴 설레고 심장 떨리는 그런 경험을 다시 하고 싶었다. 이번엔 평생 할지 모를 직업을 결정하는 것이었기에 깊이 생각하고 체계적으로 계획할 시간이 필요했다. 군 입대 전 목표를 잡고 전역 후 실행만 해야 한다고 생각했다. 벼락치기로 공부를 한다면 순간의 좋은 점수를 받을 수 있겠지만 내 지식으로 오래 남지 못한다. 내가 이 어려운 시기에 성공적으로 취업을 하고 오랫동안 일하기 위해선 1~2년의 벼락치기로는 힘들 것이라 생각했다. 목표를 미리 정하고 체계적으로 준비한다면 내가 일할 곳을 내가 선택할 수 있다. 무기력한 상태로 점수에 맞춰 대학을 갔던 내 첫 대학 생활과 같은 삶을 다시 살순 없었다.

인생을 살면서 하는 공부와 경험은 우리를 값지게 한다. 지식과 경험의 투자 정도에 따라 결과가 차이 나는 것은 어찌 보면 당연한 것이다. 투자를 하지 않거나 잘못된 곳에 투자를 하면서 큰 이득이 나길 바라는 사람이 많다. 감나무 아래서 아무런 행동은 취하지 않고 입만 벌리고 있으면 절대 감을 먹을 수 없다. 감을 먹기 위한 구체적인 생각과 행동이 없다는 것은 이미 감 먹기를 포기했다는 것이다. 내가 정말 뭘 하고 싶은지를 먼저 생각하고 많은 노력과 시간을 할애해야 한다.

> 답을 가르치지 말고 질문하게 하라.
>
> 탈무드

현실과 꿈 사이의 난관을 정면으로 마주할 때

최근까지 시청자들의 마음을 사로잡은 tvN의 드라마 〈스물다섯 스물하나〉를 보면서 한국의 외환위기, IMF와 함께 했던 나의 대학생활이 생각이 났다. 정확하게 고등학교를 졸업하고 대학생활을 시작하던 그 시절 97년 이후로 많은 것들이 변하고 많은 것들을 포기해야만 했다. 나 스스로 슬럼프를 극복하는 것도 힘들었는데 기대했던 캠퍼스 라이프는 그리 오래가지 못했다. 드라마 주인공인 나희도와 백이진이 했던 "시대가 꿈을 빼앗았다", "시대는 꿈뿐만 아니라 돈도 뺏을 수 있고 가족도 뺏을 수 있어" 란 대사가 파도가 되어 오랜만에 내 머리를 다시 쳤다. 그로 인해 절실한 마음으로 치밀하게 계획하고 준비했던 나의 대학 생활이 다시 떠올랐다.

예전에 누군가 내게 이렇게 물었다. "과거로 돌아갈 수 있다면 언제로 돌아가고 싶어?"라고 말이다. 난 한 치의 망설임 없이 "20대 말이나

30대 초반으로는 돌아가고 싶지만 20대 초·중반으로는 돌아가고 싶지 않다"고 대답했다. 그때나 지금이나 내 대답은 한결같이 똑같다.

내게 질문을 했던 사람은 내가 한 대답의 이유를 궁금해 했다. 아마 본인이 의도한 대답과는 거리가 멀어서 그랬을 것이다. 내 이유는 그때도 지금도 간단하다. 20대 초반 대학 생활은 명확하지 않은 것들로 가득했다. 대학은 잘 졸업할 수 있는지? 한 번에 휴학 없이 졸업하는 게 맞는지 아님 휴학을 가능한 자주 해서 오래 학생으로 남아있는 게 맞는지? 생각만큼 올바른 계획을 갖고 있는지? 그 계획대로 내가 인생을 살 수 있을지? 등 모든 것이 명확하지 않았다. 다시 20대 초반의 대학 생활로 돌아간다면 이 고민을 다시 해야 하니 돌아가지 않겠다는 것이다.

20대 후반부터는 경험과 노하우가 쌓여 하는 일도 그렇게 힘들지 않았다. 또래 친구들보다 일찍 안정권에 도달하여 결혼도하고 두 명의 아들이 커가는 모습을 보며 즐겁게 살 수 있었다. 즉, 인생이 행복하다고 느끼던 시절이었다. 나에게 있어서 20대 초·중반과 20대 후반, 30대 초반의 삶은 그렇게 완전히 달랐다. 비록 어렸지만 학업에 대한 부담, 외로운 타지생활, 취업에 대한 걱정 등 모든 것이 고민이었던 그 시절로 돌아가고 싶지 않았다. 지금도 가족과 일상의 재미를 느낀 20대 후반이나 30대 초반으로 갈 수 있다면 가고 싶다.

대학 입학 당시 단 1%도 생각지 않은 직업을 갖고 살았지만 20대 후반부터 난 내 일과 일상에서 재미와 보람을 느꼈다. 슬럼프를 극복하며 다시 온 대학 1학년은 마냥 아름답거나 재밌지만 않았다. 생각할 것도 해야 할 것도 많았다. 군대를 간다고 해도 비생산적인 시간을 보낼 것이니 입대 전에 무엇을 하고 싶은지와 무엇을 해야 하는지에 대한 생각과 개략적인 계획을 완료해야 했다. 다시 벼락치기나 눈치작전으로 내 인생을 준비하긴 싫었다.

취업을 준비하던 선배들을 상대로 조사했던 직업들을 바탕으로 정말 내가 하고 싶은 것과 크게 관심은 없지만 내가 하면 경쟁력 있을 것 같은 것으로 우선 구분했다. 앞서 말했듯이 전공과는 무관하게 취업을 희망하는 선배들은 중견기업이나 대기업에 지원하기 위하여 회사에 필요한 경영학을 추가적으로 복수전공 했다. 반면 전공 관련 취업을 희망하는 선배들은 필수로 어학연수 마치고 코트라, 외교부, 국가정보원, 국내외 항공사 등에 취업했다. 추가적인 전문성 확보를 원한 다른 선배들은 대학원 석사과정 졸업 후 취업을 하거나 박사과정으로 진학을 했다.

아랍어라는 언어가 희소하다 보니 취업의 범주가 그리 다양하지 않아 생각을 오래 할 필요는 없었다. 경영학까지 복수전공해서 근무하고 싶은 생각이 없어서 일반 회사는 우선 제외했다. 한 건물에 입사해서 퇴사까지 수십 년을 근무한다면 정말 답답할 것이라 생각도 했다. 지루하지 않게 다양한 스토리를 경험하며 살고 싶은 마음이 간절했다.

그렇다고 나머지 직업군들 또한 그리 내가 원했던 일들은 아니었지만 기존 취업 결과를 바탕으로 외교부, 국가정보원, 코트라, 국제기구 순으로 우선순위를 정했다. 전공을 활용하여 취업하고 싶었기 때문에 군 전역 후 집중적으로 아랍어 연수와 시험공부를 병행하리라 다짐을 했다. 대략적인 우선순위를 정하고 각 조직별 필수자격과 우대사항 등을 확인했다. 아랍어를 특수하게 사용을 해도 영어는 필수언어라 공부가 필요했고 영어를 부전공으로 선택하는 것으로 계획을 했다.

조금씩 확인하고 계획 하면서 마음 한 구석이 뭔가 모르게 이상했다. 선배들이 많이 취업했다는 것은 선배들이 많이 일한다는 것이다. 즉, 그 말은 내가 아무리 열심히 공부를 해서 입사를 한다고 해도 많은 전공자 중 막내일 뿐이라는 의미였다. '그럼 수 십 년을 칼을 갈면서 기다려야 나에게 기회가 한번 오거나 아님 절대 오지 않을 수도 있겠다.'라는 생각이 들었다. 그렇게 수동적으로 내 인생을 살수 없었다. 적극적이고 능동적으로 내가 원하는 내 삶을 살고 싶었다.

1학년 가을쯤으로 기억한다. 수업을 듣기 위해 강의실로 가던 난 군복을 입은 모델들이 있는 포스터 한 장을 발견했다. '육군장학생' 모집이라는 제목의 포스터로 육군에서 제공된 장학금으로 4년간 공부를 하고 졸업 후 육군 장교로 복무하는 내용이 담겨있었다. 처음엔 그냥 지나갔다. 당시 28개월이었던 육군 복무기간도 너무 길어 가기가 싫었는데 졸업 후 7년을 장교로 복무를 해야 한다는 것은 생각조차 하기 싫었지만 계속 머리에서 맴돌았다.

다음 날 난 다시 게시판 앞을 지나가면서 그 포스터에 적힌 모든 내용을 읽어봤다. 비록 생각하기도 싫은 곳이었지만 내가 얻을 이득과 잃을 손해를 냉철하게 판단해 보기 위해서였다. 일단, 당장 군 입대를 하지 않는 것은 좋았다. 그다음으로 대학 4년 전액 장학금을 받는다는 것이 마음에 들었다. 마지막으로 7년 복무 후 1억 정도의 자산을 만들어 나올 수 있다는 것도 흡족했다.

내가 얻을 이득은 명확하게 물질적이며 경제적인 것들이었다. 나라도 가정도 경제가 말이 아닌 상황에서 대학 전액 장학금과 전역 시 1억 정도의 목돈은 경제적으로 정말 큰 이득이었다. 반면에 내가 잃게 될 것들은 정신적이고 감정적인 것들이었다. 7년간의 군 복무는 7년 동안 가족과 친구들을 자주 보지 못한다는 것을 의미했다. 내 주변에 남아 있을 고등학교나 대학교 친구들이 거의 없을 수 있다는 것을 고려해야 했다.

선택을 해야 했다. 1학년 2학기엔 합격을 해야 1학년을 포함한 4년 장학금을 받을 수 있었다. 짧은 기간 깊은 고민을 해야 했다. 내가 얻게 될 물질적 이득과 잃게 될 정서적 손해 사이에서 어렵게 결정을 내렸다. 내가 받을 경제적 이득도 중요했지만 육군 장학생이 된다면 졸업 후 군 복무를 한다는 것 또한 마음에 들어 지원했던 것이다.

인생을 살다 보면 넘어가기 힘든 벽을 만날 수 있다. 그 벽을 넘어가야 우리가 꿈꾸는 미래를 만날 수 있다. 제아무리 노력을 해도 현실에선 그 벽을 넘어갈 마땅한 방법이 떠오르지 않을 때가 있다. 벽을 뚫어 무너트리고 가는 것도 한 방법일 순 있지만 그것도 쉬운 방법은 아니다. 결국엔 넘어갈 방법이 없다는 것을 깨닫게 될 것이다. 우리의 미래는 직진만이 길은 아니다. 막다른 길을 만나면 다른 길로 돌아가고 길이 없음 우회해서 나아가면 된다. 꿈을 이루는 데 필요한 것은 시간이니 막다른 길이라고 좌절하거나 힘들어하지 말자. 그냥 현실과 꿈 사이의 난관을 정면으로 마주해 보자.

행동한 만큼 당신의 삶은 변화된다.

탈무드

나도 한 분야의 최고가 되고 싶다.

한 분야에 1만 시간 정도를 투자하면 그 분야에 전문가가 될 수 있다는 "1만 시간의 법칙" 이란 말을 들어봤을 것이다. 하루 투자시간에 따라 다르겠지만 매일 3시간씩 전문성을 위해 노력하면 약 3년 반 뒤에는 그 분야의 전문성을 갖는다는 말이다. 물론 1만 시간이 절대적 시간이라고 생각하지는 않는다. 모든 사람들이 그 시간을 달성해도 전문성을 획득하기 힘들 수도 있다. 여기서의 1만 시간은 한 분야에서 전문가가 되고 싶은 그 열정과 그 노력의 상대적인 시간이라 생각이 든다. 어떠한 환경에서도 묵묵히 3년 이상을 집중한다면 그 노력의 대가로 동반되는 것은 전문성일 것이다.

1998년 가을 그렇게 지금의 나를 향한 첫 발걸음을 내디뎠다. 앞에서 말한 것처럼 처음엔 4년간의 장학금과 1억 원가량의 저축을 위해 육군장학생이 되었다. 그 당시 이 두 가지 조건만 해도 다른 직업들보다 좋다는 생각을 했다. 대학 4년을 등록금 신경 쓰지 않고 학교 공부에 집중할 수 있었고 군 전역 후 1억 원이란 돈을 갖고 취업을 한다면 마음도 든든할 것 같았다. 만약 유학을 간다 해도 부모님의 경제적 도움 없이 가능했다. 여러모로 이득임은 틀림없었다.

서류 접수 이후 면접, 체력검정, 신체검사를 마쳤다. 합격자 발표까지 시간이 있어 내가 지원한 육군에 대해 알아보기 시작했다. 물론 28개월간 병사로서 복무와는 다른 상황이었다. 대학 졸업 후 훈련은 어디서 받고 임관하며 어떠한 교육을 받는지 확인했다. 장교로 복무하면 어떠한 장점과 어떠한 기회가 있는지도 확인했다. 경제적 이득에만 집중하여 지원서를 제출했으니 이제 내가 가게 될 길에 대해 자세히 알고 싶었다.

그해 겨울 난 육군장학생이 되었고 4년을 쉼 없이 학교를 다니며 전공을 집중적으로 공부할 수 있었다. 새로운 도전으로 이제 한 가지는 확실하게 얻었다. 4년 전액 장학금과 1억 원의 씨드머니 확보 말이다. 실제 없지만 갖고 있는 것처럼 기분이 좋고 스스로가 대견했다. 물론 이 사실을 알게 된 부모님 또한 기뻐하셨다. 한 해 두 명의 대학생 등록금을 감당하기 벅차셨을 것이다. 사실 그래서 더 기쁘기도 했다.

내가 걸어갈 육군 장교에 대해 구체적으로 조사하고 연구하기 시작했다. 그러면서 추가적으로 알게 된 사실이 있었다. 근무 평가, 교육성적 등을 고려하여 육군에서 장기복무자로 근무할 수 있다는 것이었다. 장기복무자는 10년 이상 군에 근무할 수 있는 것으로 많은 복지나 교육 혜택 등을 다양하게 누릴 기회를 가진 군인을 말했다. 물론 쉽게 장기복무자가 될 수 없지만 만약 된다면 새로운 기회를 만들어 가는 것이라고도 할 수 있었다.

군대 갔다 온 선배들이 절대 다시 가지 않을 곳이어서 군 조직 내에서도 같은 전공 선배들을 마주칠 일도 그들과 경쟁할 일도 없을 것 같다는 생각이 들었다. 이 기회를 잘 살린다면 다른 건 몰라도 아랍어 분야에서는 '일인자'가 될 수 있겠다는 생각을 했다. 즉 군대 내에서 중동지역전문가가 될 확률이 이전에 조사했던 선호 직업들보다 훨씬 높았다는 것이다. 군대를 두 번 갔다 온 꿈까지 꾼다는데 다시 군대로 취업할 사람이 있을 리 만무했다.

학교 도서관과 PC방 등 자료를 확보했다. 장기복무자로 군에서 근무했을 때 얻게 될 경제적 이득과 중동지역전문가가 되기 위한 방법, 교육, 기회 등을 자세히 조사했다. 우선 하나하나 정보를 모았고 내가 도전할 순서대로 다시 순서를 정했다. 딱딱하고 폐쇄적으로 보이는 조직이지만 잘 활용한다면 생각보다 이득이 많았다. 안정적인 생활을 위한 장치들과 자기계발을 위한 기회 등 다양하게 있었다. 놓치지 않고 지원해서 얻어 내야 한다는 게 관건이었다.

군 복무 간 안정적인 생활 지원 차원에서 근무지역 내 다양한 형태의 관사나 독신자 숙소를 제공했다. 즉, 안정적인 봉급과 주거지 제공은 군인들의 결혼 적령기가 상대적으로 아주 어리다는 것을 의미했다. 실제로 난 28세에 결혼을 했지만 내 동료들과 비교해 보면 그리 이른 편은 아니었다. 군 복무 간 얻을 수 있는 가장 큰 이득은 단연코 연금이었다. 20년간 복무하면 연금수령 대상이 되며 퇴직 후 사망 시까지 연금을 받을 수 있다. 물론 본인이 사망하면 가족이 연금수령액의 70%를 받는 구조이다.

물론 다른 공무원들도 연금체계를 갖고 있지만 군 연금체계가 매력적인 이유는 따로 있다. 공무원이 연금 수령대상자가 되어도 연금을 수령하기 위한 정해진 나이가 지나야 한다. 만약 공무원이 45세에 연금수령대상자가 되고 퇴직을 하더라도 연금 실수령은 현재 기준 60세가 넘어야 가능하다. 그에 반해 군인이 45세에 연금수령대상자가 되고 퇴직을 하면 퇴직 다음 달부터 연금 실수령이 가능하다.

사실 군인연금제도가 나에게 가장 매력적인 요소로 다가왔었다. 나와 주변을 둘러싼 환경적 요인에 의해 직업으로 선택한 것이지 사실 평생을 군에 있고 싶지는 않았다. 그때 당시엔 20년 후면 IMF로 인한 경제 상황이 좋아질 것이고 연금을 받으면서 다시 하고 싶었던 것을 찾아 도전해야겠다고 생각했다.

안정적인 생활 지원 뿐 아니라 자기계발을 위한 기회가 상당히 많았다. 선배들의 영향력에서 벗어나 '중동지역전문 일인자'가 되기 위한 방법을 찾았다. 중동과 아랍의 불모지인 군에서 내 도전을 성공으로 이끌 확률이 상당히 높아 보였다. 군은 군 내부 및 국가발전을 위해 국내외 교육과 근무 기회를 상당히 보장하고 있었다. 물론 대학 졸업까지 지속해서 계획을 보완하고 수정하겠지만 내가 하고 싶은 것들을 미리 확인하고 준비하기만 한다면 이뤄낼 수 있을 것 같았다.

처음으로 세운 대략적인 군 복무계획은 이렇다. 대학 졸업 전 단기

어학연수를 하고 졸업 후 임관하여 육군 소위가 된다. 야전 부대에서 성실하고 열심히 근무하면서 장기복무자가 된다. 중위로 진급하면 지금의 합동대 국방어학원에서 공부를 하고 국내외 위탁 교육으로 국제정치나 중동정치에서 석사학위를 받는다. 대위로 진급하면 사관학교에서 국제정치 관련 교수로 근무한다. 소령으로 진급하면 외국군 지휘참모대학에서 군사학 석사학위를 받고 귀국한다. 보통 군인들은 근무하기 힘든 서울 용산이나 계룡에 있는 정책부서에서 근무하며 정부 차원에서의 업무들을 경험한다. 동시에 박사과정에 진학하여 박사학위를 받는다. 마지막으로 연금수령 자격을 갖게 되면 퇴직하고 연금을 받는다.

줄리아 로버츠 주연의 〈적과의 동침〉 이란 영화 제목을 알 것이다. 21살까지 군 입대를 상상도 하기 싫어했던 내가 처음엔 4년 장학금과 1억이라는 돈 때문에 그 후엔 연금과 자기계발을 위해 직업으로 선택했을 때 생각나는 말은 '적과의 동침'이었다. 자유로움을 누구보다 좋아했고 구속받거나 통제받는 걸 누구보다 싫어했는데 결국 난 냉정하고 이성적으로 군인연금과 자기계발을 위해 군대로 취직하는 정말 아이러니한 목표를 세웠다.

제한된 상황에서 선택의 폭은 넓지 않을 수 있다. 만약 하고 싶은 게 뚜렷하게 정해지지 않았다고 인생을 대충 살 사람은 없다. 비록 현재 주어진 상황에서 내가 간절히 원하는 것은 아니겠지만 잘할 수 있는 것을 누구든 갖고 있다. 만약 내가 잘할 수 있는 것을 통해 그 분야에서 최고가 될 수 있다면 어떻게 하겠는가? 한 분야에서 최고가 될 수 있고 또한 간절히 원하는 것도 얻게 된다면 자기 인생에 최선을 다해 살았다는 증거일 것이다.

> 가장 열정적으로 할 수 있는 것이
> 무엇인지 찾아라.
>
> 마크 주커버그

주변 속에
단서가 숨어 있다.

전 세계를 빠르게 점령한 한국 좀비 영화 〈지금 우리 학교는〉은 K-좀비와 K-고등학생의 만남으로 신선함을 제공했다. 10대가 주인공이며 학교를 배경으로 한 좀비 영화는 지금까지 없었기 때문이다. 게다가 '절비'(절반만 좀비)의 등장은 사람 아니면 좀비였던 좀비 영화에 신선함을 주었다. 새로운 절비의 등장은 지금까지 사람들만 주인공이었던 좀비 영화에 처음으로 좀비도 주인공으로 등장했기 때문이다. 물론 좀비 주인공의 등장으로 영화는 중요한 단서를 제공한다. 아무런 연락도 정보도 없는 고립된 상황에서 좀비의 접근과 위험을 느낄 수 있는 절비는 주인공들의 탈출을 도왔다. 모든 상황을 풀어줄 핵심 단서는 이미 처음부터 주인공들 안에 숨어 있었다는 것을 몰랐던 것이다.

대학을 다니면서 생긴 버릇이 있었다. 언제부터인지는 잘 기억이 나지 않지만 항상 걸을 땐 땅을 보며 걷고 벽이 있는 곳을 지날 땐 벽을 보며 걸었다. 그렇게 된 이유는 사실 간단했다. 요즘엔 그럴 일이 없지만 땅을 보며 걷다가 길에 떨어진 돈을 정말 많이 주웠다. 평균 일주일에 2~3번, 많을 땐 하루에 몇만 원일 때도 있었다. 그러다 보니 자연스럽게 땅을 보며 걷는 버릇이 생긴 것이었다. 지나가다 보면 땅에 떨어져 있는 돈이 자주 보이는데 앞만 보며 똑바로 걷는다는 것은 사실상 불가능했다.

사실 벽을 보고 걷는 이유는 돈보다 더 중요한 정보 획득이 주된 목적이었다. 대학의 특성상 학교 관련 대자보, 각종 홍보 및 광고용 포스터들이 벽이나 게시판에 많이 붙어있다. 수업을 듣기 위해 걸어가며 만난 벽이나 게시판에서 심심치 않게 좋은 정보들을 획득할 수 있다. 작게는 학교에 관한 사항에서부터 크게는 취업과 관련된 사항까지 다양한 정보들이 벽에 있었다. 지금의 나를 있게 한 '육군장학생' 역시 게시판에 붙어있던 육군 홍보 포스터를 보고 처음으로 알게 되었다.

대학엔 정말 많은 정보가 소리 없이 벽에 붙어있다. 오랫동안 그 자리에 붙어있지만 정작 지나치는 학생들은 알지 못한다. 보통 사람들은 이렇게 말하기도 한다. '붙이기만 한다고 능사가 아니다. 적극적으로 홍보를 해야 사람들이 안다'고 말이다. 결국 이 말은 '말하는 본인은 몰랐던 사실이고 그건 당신들이 안 알려줘서 그런 것이다'란 말을 하고 싶었던 것이라 생각한다. 그만큼 좋은 정보가 주변에 많지만 그것을 유심히 보고 혜택을 받는 사람은 사실 많지 않다.

물론 나 또한 육군장학생 홍보 포스터를 한 번에 찾지 못했다. 매일 그곳을 지나가면서 나름 벽에 붙은 게시물들을 다 보고 다녔다고 자부했는데도 말이다. 자신이 직접 보지 못해도 알게 되는 사람들이 있다. 그건 어떤 정보를 본 사람들이 소위 '카더라 통신'으로 알려주는 정보들을 대충 흘려듣지 않은 사람들이다. 누군가에게 어떤 얘기를 듣고 흥미나 관심이 생기면 어디서 봤는지 어떤 내용인지 등을 구체적으로 물어보는 사람이 있다. 물론 정확한 정보를 전달해 주기 제한되겠지만 최소한 어디서 본 건지 정도만 알아도 초반 정보 획득에는 충분하다.

우선 정보의 출처에 다가가 내가 원하는 정보를 획득하면 된다. 입에서 입으로 전달되는 내용에는 살이 붙기 마련이다. 전달하는 사람의 개인적 의견이 아닌 있는 그대로 객관적으로 봐야 하기 때문에 정보의 출처는 아주 중요하다. '나는 몰랐네. 너는 알았네."라고 말할 시간에 제대로 확인해야 한다. 나에게 정말 중요한 정보라면 그 출처와 정확성을 확인하고 추가적인 정보를 찾기 위해 전화를 하던 검색을 하든 해야 한다. 사소한 것 하나가 내 인생에 어떻게 작용할지는 지나 보지 않으면 알 수가 없다.

처음부터 주변에서 정보를 획득하려 한 것은 아니었다. 앞서 말했듯이 내가 항상 모든 답을 풀려고 할 필요는 없다. 가끔은 자연스럽게 들어오는 대화에 귀만 닫지 않으면 된다. 내가 친구의 추천으로 아랍어를 전공하기 시작했듯이 말이다. 내 주변에 내가 필요한 답을 갖거나 답을 찾는 법을 알고 있는 사람이 반드시 있다. 궁금할 때 물어보고 의논하고 부탁한다면 상대의 노하우를 하나씩 배울 수 있다.

1학년 2학기에 같은 방에 살았던 영어과 2년 선배인 창훈이 형이 있었다. 정말 부지런했고 능동적이며 적극적으로 살았던 학생으로 아직도 기억하고 있다. 물론 지금도 그렇게 살고 있다. 같이 지내면서 보고 느꼈던 것들을 지금까지도 살면서 내 인생에 적용하고 있다. 내가 벽이나 학교에서 얻는 각종 정보 습득 방법은 그 형에게 배운 것이다. 돈을 거의 들이지 않고 해외여행을 다니던 모습에 너무 놀라 어느 날 형에게 직접 물었다. 형은 '조금만 신경 쓰고 주변을 둘러본다면 돈을 거의 내지 않고 해외 봉사 겸 여행을 다닐 기회가 많다'고 말했다. 그러면서 '정작 학생들은 그 정보를 몰라 실제 경쟁률은 높지 않다'라며 부연 설명 했다.

그 기회는 누구에게나 열려있고 기회를 잡기 위해선 내가 노력을 해 우선 정보 획득을 해야 한다는 아주 간단한 얘기이다. 이런 대화를 나눌 당시 형은 일본에 가는 해외 봉사 한 건을 지원했고 면접을 준비하고 있었다. 면접에 합격한다면 일본에서 정해진 봉사를 하고 나머지 기간은 여행하고 한국에 돌아오면 된다고 했다. 물론 숙박 및 항공기 등 개인이 내야 할 돈은 전혀 없었다.

그런 생각을 같은 20대 초반의 학생이 할 수 있다는 사실에 정말 놀랐고 그렇게 자신의 학창시절을 즐기는 자신감이 부러웠다. 그 형은 이번엔 일본에 가기 위해 태권도를 연습하고 있었다. 정해진 일정 외에 태권도 품세를 추가로 보여줘 한국의 위상을 일본에 반드시 보여주고 싶다며 면접 연습을 하고 있었다. 나름 일본을 의식해 태권도라는 한국 전통 무술을 통해 면접관들로부터 합격을 받기 위한 보조도구로 활용할 정도로 시야가 넓었다.

"혼자 가면 빨리 가고 함께 가면 멀리 간다."란 말을 자주 한다. 이 말은 빨리 가려고 한다면 주변의 도움 없이 가능하지만 멀리 가고 싶다면 반드시 동료나 친구들과 같이 가야 한다는 말을 의미한다. 인생이란 길고 먼 여정에서 나 혼자 모든 답을 알기는 사실상 힘들다. 오랜 경험을 갖고 계신 부모님이나 주변 어른들, 선배들은 내가 했던 고민을 미리 했던 사람들이란 걸 명심해야 한다. 그런 경험자들 내가 애타게 찾고 있는 마지막 퍼즐을 아주 쉽게 찾아 줄 수 있다.

급할 때 우리는 주변까지 둘러보질 못한다. 당장 해결해야 할 문제만 집중하다 보면 바로 옆에서 말하는 소리도 듣지 못하는 것처럼 말이다. 이미 주변엔 같은 문제와 같은 시기를 슬기롭게 극복해낸 사람들이나 사례가 있는데도 쉽게 알아채지 못한다. 만약 알아챈다면 신기하게도 이전과는 다르게 새로운 정보나 방법들이 자연스럽게 눈에 들어오기도 한다. 급하거나 답답할수록 당황하지 말고 평소에 보지 않던 주변을 다시 한번 찬찬히 둘러보는 건 어떨까?

> 아무도 모르는 걸 나만 아는 것이 독창성이 아니다.
> 독창성은 아주 소수의 사람만이 아는 것을 아는 것이다.
> 마크 앤드리슨

누구보다 더 혹독하게
내가 '레드팀'이 되기로 했다.

지금까지와 다른 내가 된다는 건 정말 어렵다. 특히 평생 갖고 있던 버릇, 습관, 생각 등을 일정 기간에 바꾼다는 것은 더욱 더 그럴 것이다. 눈에 보이는 변화를 위해 단순하게 하나만 바꾼다고 되는 게 아니기 때문이다. 그런데 이러한 변화가 나의 마음 깊은 곳에서 나온 것이라면 쉬울 수도 있을 것이다. 변화를 주도하는 한 내 속에 긍정적 마인드가 항상 자리 잡고 있기 때문이다. 만약 그 변화가 내가 진정 원해서가 아닌 필요해 의한 것이라면 더욱 견뎌내기 힘들 것이다. 그럼에도 우리는 살아가면서 몸에 익어 편하지만 필요에 따라 과감히 버리거나 바꿔야 할 순간을 마주하기도 한다.

내가 살아갈 첫 번째 커리어를 결정했다. 우선 20년간 군인으로서 삶을 사는 것이었다. 일반적인 군인의 삶이 아닌 오로지 나만의 군 경력을 쌓아야 했다. 사회로 돌아와 전문성 있는 삶을 살아가기 위해선 군 생활을 계획적으로 해야 했다. 20년이라는 시간을 나의 자기계발 시간으로 활용해야 했다. 짧은 인생에서 군 복무만 하며 인생을 보낼 수 없었다. 커리어를 계속 유지해 중동 관련 회사에서 일하거나 강의나 교육도 하고 싶었다. 전문성과는 별개로 조그만 식당이나 북 카페도 운영해보고 싶었다.

주변에서 지인들이 많이 물어봤다. 만약 "너 계획대로 안 되면 어떻게 할 거야?"라고 말이다. 답은 간단했다. 7년 복무 후 전역을 한다면 "20년 뒤에 내가 하고 싶었던 것을 미리 하면 된다."고 말이다. 내가 하고 싶은 일을 정했다면 그 후로는 언제라는 시간과의 싸움이지 할까 말까인 나 자신과의 싸움은 아니었다. 계획을 세웠다고 모든 것을 다 한 건 아니었다. 대학 졸업 후 임관하기까지 아직 시간이 남아있었다.

내가 세운 계획이란 뼈대를 완성해야 했다. 임관과 동시에 완성된 뼈대에 살을 잘 붙이기 위해서는 튼튼하고 강한 뼈대를 만들어 놔야 했다. 3년이라는 시간이 남아있었지만 부족한 것을 채워 놓기엔 그리 충분한 시간은 아니라고 생각했다. 사실 생각하지 못한 곳을 향해 달려가야 하기 때문에 걱정이 많아 시간이 부족하다 느꼈다.

이제 필요한 것은 세 가지였다. 우선, 중동지역 전문가가 되기 위해서 전공과목에 대한 공부를 아주 열심히 해야 했다. 아랍어와 지역연구 관련 기초 지식은 확보하고 졸업해야 실무에서 지식의 깊이와 경험을 쌓아 전문가가 될 수 있다고 생각했기 때문이었다. 다음으로, 군인이라는 직업에서 체력의 중요성은 기본이었다. 어릴 때부터 허약체질이었던 내가 군인이라는 직업을 갖기 위해선 환골탈태해야 했다. 마지막으로,

앞의 두 가지를 이루고야 말겠다는 정신력이 필요했다. 믿었던 체력이 다 소진됐을 때 가장 필요한 것이 바로 정신력이니까 말이다.

전공과목 공부는 졸업하기 위해선 열심히 해야 했고 정신력이란 것은 눈에 보여 수치화되진 않지만 포기하지 않으면 이룰 수 있는 것이라 생각했다. 해결해야 할 당면 과제는 체력이었다. 허약 체질을 건강한 체질로 바꿔야 했다. 체력적으로 훈련을 견뎌 내지 못한다면 군인으로서 삶을 계속할 수 없기 때문이었다. 가장 힘든 과제를 해결하기 위해 "체력증진 3년 계획" 이란 이름으로 계획을 세웠다. 사실 시작부터 성공 확률에 대해 나 자신도 의심스러웠지만, 주변 지인들 모두가 불가능하다고 말하자 오기가 생겼다.

어릴 때부터 허약체질이라 하루에 두세 번은 코피를 쏟았다. 자다가 콧물인 줄 알고 보면 어김없이 코피였다. 한번은 초등학교 소변검사에서도 안 좋은 결과가 나와 담임 선생님이 심하게 뛰어놀지 못하게 해 달라고 부모님께 당부했던 기억도 있다. 그런 내가 군을 직업으로 선택했고 건강하기 위해 스스로 노력해야 했다. 그 누구도 내게 군인이 되라 강요한 적이 없는데도 말이다. 아이러니하게도 그 당시 내 최고의 선택은 아니었지만, 최상의 선택임엔 틀림없었다.

1999년 3월 건강한 사람이 되기 위한 나만의 프로젝트를 시작했다. 당시 난 아주 날씬했다. 몸무게 53Kg, 허리 26인치였으니 말이다. 고등학교 때 장난으로 나처럼 허약한 친구들이 여자 면티를 입을 수 있는지 없는지를 시도해 본 적 있었다. 그중 남자 몇 명이 그 티를 마치

자기 것처럼 소화했고 물론 나도 그중 한명이었다. 물론 그 옷을 입은 남자애들도 그 옷 주인이던 여자애도 서로 웃을 수 있는 상황은 아니었다.

3년이란 시간동안 난 몸무게 75Kg, 허리 30인치를 만드는 것으로 목표로 계획을 잡았다. 그 목표를 달성하기 위해 매년 몸무게 5Kg, 허리 1인치를 달성하겠노라고 중간계획을 잡았다. 구체적인 수치를 잡았으니 실행에 옮겨야 했다. 사실 구기 종목을 좋아했지만 살을 찌우고 집중적으로 체력을 키우는 데는 큰 도움이 되지 못했다. 지속적인 운동이 필요했고 이왕이면 체력과 근력을 같이 키우는 운동이면 더 좋을 것 같았다. 그렇게 발견한 곳이 바로 학교 헬스동아리였다.

바로 찾아갔고 동아리 회장 형과 지원동기 등 간단한 면접을 보고 즉시 가입했다. 동아리가 좋은 것은 항상 형들이 동아리방에 상주하며 후배들을 위해 적극적으로 운동을 가르쳐 준다는 것이다. 게다가 일반 헬스장처럼 비싸지도 않고 휴강이나 공강 발생 시 편안하게 운동을 할 수 있었다. 초보자에게는 가장 좋은 환경이었다. 사실 지금 생각해 보면 아쉬웠던 것이 하나 있긴 있다. 바로 몸과 건강에 대한 많은 정보를 얻을 수 있었지만 정작 몸 만드는데 진심이었던 동아리 형들과는 술을 같이 마셔본 기억이 없다는 것이다.

그렇게 나는 하루 4시간 주 5일을 눈이오나 비가 오나 시험기간이든 아니든 체육관에 갔다. 여름방학이나 겨울방학에 집에 내려갈 때는 동네 헬스장에서 나와의 싸움을 계속했다. 그렇게 아무도 강요하지 않았는데 나 스스로가 계획 실행능력과 의지를 향상시키기 위해 혹독한

레드팀이 되어 있었다. 힘들어 지치고 그만두고 싶을 때마다 '그래 가지고 네가 세운 계획대로 살 수 있겠어?'라는 말로 나 자신을 다그쳤다. 나 스스로 노력해서 얻을 수 있는 내 몸도 바꾸지 못한다면 그 어떤 것도 얻기 힘들다고 생각했다.

운동도 중요했지만 먹는 것도 중요했다. 규칙적으로 잘 먹고 운동을 해야 목표를 달성할 수 있었다. 살을 빼는 것이 아닌 살을 붙이는 것이었기에 더욱 잘 먹어야 했다. 허약한 체질에 맞게 많이 먹는 것을 좋아하지 않았다. 배가 부른 것이 세상에서 제일 싫었다. 그건 지금도 바뀌지 않고 똑같지만 좋아하는 것만 하고 살 수는 없었다. 몸무게 20Kg, 허리 4인치를 운동만 해서는 얻을 수 없기 때문이었다.

동아리 회장 형의 도움을 받아 하루 3끼의 식사 패턴을 5끼로 바꿨다. 물론 혼자 살기 때문에 직접 신경을 써야 해서 힘들었지만 도전과제를 달성해야 한다는 생각만 머릿속에 있었다. 아침은 가볍게 점심과 저녁은 보통으로 3끼의 식사를 하고 10시쯤 배부르게 4번째 식사를 했다. 다음날 새벽 4시쯤에 깨자마자 마지막인 5번째 식사를 했다. 시간도 아끼고 생각의 낭비를 줄이기 위해 4번째와 5번째 메뉴는 항상 같았다. 처음엔 정말 힘들었다. 시간이 지날수록 익숙해졌고 몸에 변화도 눈에 띄게 보였다. 그해 가을 난 몸무게 57Kg, 허리둘레 27인치를 돌파했다. 6개월간의 운동과 식사했던 노력이 조금씩 효과로 나타나기 시작한 것이었다. 노력의 결과가 눈에 보이기 시작하자 정말 기뻤다.

그렇게 난 쉬지 않고 노력했다. 학교 축제 기간이든, 시험 기간이든 하루 3~4시간은 체육관에서 운동했다. 정말 더운 여름에는 운동하다가 토한 적도 있었지만 난 쉬지 않았다. 내 인생 도전을 위한 작은 도전을 반드시 넘어야 했으니까 말이다. 63, 67, 73Kg을 지나 결국 3학년 겨울 내가 목표했던 몸무게 75Kg, 허리 31인치를 달성했다. 정말 힘든 시간이었다. 주변도 나도 못 할 것이란 생각으로 시작했다. 어려운 아랍어를 잘하기는 쉬웠지만 체질을 바꿔 몸무게를 20Kg 이상 증가시킨다는 것은 힘들 거라 생각했다.

자신감이 넘쳐흘렀다. 허약 체질이 건장 체질이 되자, 못할 게 없었다. 사실 더 이상 코피도 흘리지 않고 밥을 적게 먹지도 않았다. 무엇을 하든 힘이 넘쳤다. 그 후로 나를 만난 후배들은 지금까지도 내가 허약체질이었단 사실을 믿지 않는다. 그렇게 목표를 달성하고 얻은 그 성취감과 에너지는 지난 20년간 내 인생에서 가장 중요한 무기인 자신감으로 사용됐다.

힘든 목표를 달성함에 있어 주변의 말이 동기부여가 될 때가 있다. 물론 이러한 동기부여가 내 삶의 큰 영향력을 행사하는 건 사실이지만 한 가지 단점이 있다. 바로 나만큼 가려운 곳을 잘 긁을 수 있는 사람은 없고 또 주변에 계속 부탁할 수도 없기 때문이다. 자신만큼 자신을 잘 아는 사람은 없다. 스스로를 위해 때론 독설가가 때론 조력자가 되어야 한다. 내 안에 숨어 있는 나만의 레드팀에 도움을 받으면 남으로부터 자존심 상하지 않고 계속 목표를 달성할 수 있다.

"계획은 계획일 뿐이다."란 말이 있다. 계획대로 결과가 나오지 않았을 때 쓰는 말로 계획에 너무 많은 노력을 기울이지 말라는 뜻이기도 하다. 그렇다고 인생을 위한 계획에 적은 에너지를 쏟는 것도 말이 되지 않는다. 계획은 단기간에 완성되는 것이 아니다. 계획을 계획대로 완성하기 위해선 변화하는 상황과 조건에 맞춰 지속해서 수정하고 조정을 해야 한다. 본인의 인생을 설계하고 살아가면서 '될 대로 되겠지'라며 아무런 노력이나 열정 없이 사는 사람들은 아마 없을 것이다.

> 행복은 단지 돈을 소유하는데 있는 것이 아니다.
> 행복은 성취의 기쁨, 창조적 노력의 전율 속에 있다.
> 프랭클린 D. 루스벨트

2장

기회

주저하는 순간
기회는 날아간다.

어디든 내 스펙과 관련된 일은 있다.

요즘 한국 사회도 실력 위주로 변해가고 있다고는 하지만 아직 한국 기업에서 스펙을 완전히 무시하면서 직업을 구하기는 사실 쉽지 않다. '스펙'이란 용어는 우리나라에서만 사용하는 말로 어떤 일을 할 때 그를 위한 능력과 경력을 일컫는 말이다. 외국에서는 같은 뜻의 다른 말로 우리가 아는 '면허'나 '자격' 등으로 사용하고 있다. 그렇다고 한국 기업들만 특별하게 스펙을 따진다고 볼 수 없다. 일부 외국기업에서도 기본적인 스펙이 있어야 면접 기회를 부여하는 경우도 있기 때문이다. 즉, 실력뿐 아니라 기본적인 자격 또한 갖춰야 한다는 것을 의미한다.

드디어 대학교 마지막 학기가 끝났다. 지난 4년을 되돌아보자 많은 것들이 주마등처럼 지나갔다. 전문성 확보를 위해 열심히 공부한 아랍어는 해외연수자들 사이에서 국내 전공자로서는 드물게 A 학점 이상의 성적을 받을 수 있었다. 체질 개선을 위한 노력도 성공해서 몸무게 53kg에서 최종 78kg이 되어 허약함이란 단어를 건장함으로 바꿨다. 효율적인 조직 관리자가 되기 위해 관련 수업을 듣고 시도하는 버릇을 들이기 위해 기숙사 학생회장 선거에도 출마했었다.

대학 4년간 내가 한 행동들은 사실 하고 싶은 것보다 해야 한다는 생각에서 시작되었다. 불투명했던 인생에서 활로를 찾고 안정감을 갖기 위한 내 선택이었다. 아직 대학 생활을 마무리하기 위한 마지막 계획이 남아있었다. 육군장학생으로 대학을 졸업하고 학사장교로 임관하기 위해 4월 3일에 입교를 해야 해서 남은 약 3개월이란 시간을 잘 활용해야 했다. 학기 중 휴학도 불가능했고 남은 기간이 많지 않아 장기간 어학연수를 갈 수가 없으니 학교에서 제공하는 단기 어학연수 프로그램을 이용해서 어학연수를 해야 했다. 군 생활을 시작하게 된다면 당분간 아랍어 능력 향상을 위한 노력이 제한적이기 때문에 언어 전공자로서 단기 어학연수를 통해 실력을 향상시켜야 했다.

시간이 짧다고 혹은 없다고 가만히 있을 순 없었다. 짧은 기간이지만 눈, 귀와 입을 현지와 동화시키기 위해 갔다 와야 했다. 학교에서 이집트 단기 어학연수팀이 구성이 되어 난 이 팀과 함께 약 두 달 동안 이집트에서 아랍어 연수를 하게 되었다. 생각했던 것보다 훨씬 효과적이었다. 비록 짧은 기간이었지만 이집트라는 나라를 경험하기엔 충분했고 이제 중동지역에 대한 막연한 두려움은 없었고 자신감이 자리 잡았다.

단기 어학연수를 마치고 약 한 달 뒤 경북 영천에 있는 육군3사관학교(충성대)로 입교하여 훈련을 받았다. 첫 4주의 훈련은 아무런 생각이 나지 않을 정도로 힘들었다. 통제된 시간에 익숙하지 않아 처음으로 정해진 시간과 정해진 업무에 대해 적응을 해야 했다. 사실 말처럼 적응하기 쉽지 않았다. 20년의 경력을 가진 지금의 나에게 다시 돌아가라고 한다면 절대 그러지 않을 것이기 때문이다. 5주차가 되면서부터 심적 여유가 생기기 시작했다. 물론 해결하고 넘어야 할 모든 것들이 힘들고 두려웠지만 어떻게든 할 것이라는 무언의 자신감이 생겨나기 시작했던 시기였다.

정말 쉬운 훈련과 교육이 하나도 없었다. 3년간 한 체력훈련도 전혀 소용이 없었고 아랍어도 하는데 못 할 게 더 이상 없다고 생각했지만 군사학은 도통 이해할 수 없는 학문이었다. 허약 체질에서 건강 체격으로 바꾸면서 생긴 정신력으론 한계가 있었다. 멀리 보는 것이 너무 힘들어 단기간의 목표를 다시 정해야 했다. 소위 임관만을 목표로 설정했다. 많이 알고 많이 느끼고 많이 아는 것 보다 오로지 임관만을 목표로 앞만 보고 갔다. 충성대 생활은 익숙해져가고 있었지만 훈련의 강도는 계속 올라가고 있어서 한 가지 목표만을 정해 달려가는 것이 최상이었다.

힘든 것을 극복하기 위해선 현재 내가 감당해야 할 목표만을 향해야 한다는 것을 배웠다. 군사작전 간 소부대는 소부대의 목표를 대부대는 대부대의 목표를 갖고 있다. 자신이 속한 부대의 목표만 달성하면 결국 우리 군이 갖고 있는 목표를 달성하게 된다는 것이다. 결국 멀리 있는 산의 정상만 보고 간다면 힘들게 넘어야 할 봉우리의 수에 압

도당할 것이다. 현재 내 위치에서 내가 감당할 수 있는 목표를 달성하고 나면 자연스럽게 다음 목표로 걷고 있는 나를 볼 수 있다는 것이다.

충성대에는 화산이라는 악명 높은 유격훈련장이 있었다. 이곳에서 훈련받은 군인들은 잘 알겠지만 다시는 훈련받고 싶지 않은 훈련장으로 유명했다. 거기서 훈련받고 12년 뒤 충성대 교수로 부임하기 전 후배에게 물어본 게 있었다. "교수들도 화산 유격훈련 참석해야 해? 만약 그렇다면 난 충성대에서 교수하고 싶지 않은데…"라고 말이다. 그럴 필요 없다는 사실을 알고 난 후 충성대에서 2년간 교수로 근무했었을 만큼 피하고 싶었다.

화산에서의 유격훈련은 춥고 무섭고 힘들었지만 반면에 못 할 것이 없다는 자신감을 키워줬다. 높은 곳이 무서워서 놀이 기구도 안타던 난 50미터 암벽을 밧줄을 타고 오르내렸다. 게다가 오로지 밧줄에 의지해 이 산에서 저 산으로 이동도 했고 11미터 모형헬기에서도 뛰어내렸다. 유격과 함께 실시한 100km 행군 또한 불가능하리라 생각했던 것을 가능하게 만들어 줬다. 발바닥 전체가 화상 입은 듯 뜨겁고 발바닥의 상당 부분의 피부가 피와 고름으로 벗겨져 나갈 만큼 아팠지만 계속 걸을 수 있다는 것을 처음으로 알게 되었다.

사실 이런 유격훈련과 100km 행군은 나에게 큰 깨달음을 줬다. 내가 계획한 스펙을 실행함에 있어서 무섭고 두려운 것이 사실이지만 일단 실행하게 되면 극복이 되고 대안도 찾을 수 있게 된다는 것이었다. 앞으로 20년이란 긴 시간 동안 나만의 행군을 무사히 마무리하기 위해선 체력 안배가 필수라는 것도 알게 해줬다. 어디서 속도를 내고 어디서 쉬어야 하는 지 말이다. 영천에서 받은 모든 훈련은 계획과 도전 정신만 갖고 호기롭게 덤빈 나에게 육체적으로도 정신적으로도 단단한 뿌리를 제공해 줬다.

충성대에는 1,000여명의 사관생도들이 군사학과 일반학 수업을 받고 2년 뒤 소위로 임관하는 군사전문학교였다. 당시 3사 생도들을 제외하고도 다양한 특기의 장교 후보생들이 훈련하고 각자의 특기에 맞게 임관을 했다. 어느 정도 생활이 익숙해지자 현재 교육과 훈련을 받고 있던 충성대에 대해 조금씩 알아보기 시작했다. 어떤 전공이 있고 어떻게 교수가 되는지를 말이다. 대학 재학 당시 작성했던 계획에 사관학교 교수도 포함되어있었다. 물론 영어, 프랑스어, 독일어 등 외국어를 전공할 수 있었지만, 그 당시 아랍어는 아직 없었다.

입교 전 확인 했던 바로는 한국군의 해외파병의 기회가 늘어나면서 아랍어의 비중이 곧 늘어날 것이란 소식도 들었기 때문에 예의주시하며 기회를 놓치지 않기 위한 조건을 갖춰 놓아야 한다고 생각했다. 내부에서 훈련을 받으며 알게 된 바로는 전공 관련 석사학위가 교수가 되기 위한 최소 요건이었다.

충성대에서의 12주는 인생이 큰 양분이 되었다. 군 생활이란 새로운 도전을 본격적으로 시작함에 앞서 강한 정신력, 추진력, 인내력, 판단력 등을 배울 수 있었다. 도전을 해도 쉽게 상처받고 좌절하고 포기한다면 그 과정이 재미없었을 것이다. 향후 인생계획을 걱정과 두려움 없이 실행하고 성취할 수 있게 해준 내 도전의 원동력이 되었다. 내가 예상하고 계획하지 못했던 내 스펙의 첫 단추를 생각하지도 못한 곳에서 채웠다.

보통 하고 있는 일과 하고 싶은 일을 구분해서 보는 경향이 있다. 단순하게 비교해 보면 관련이 없는 것처럼 느껴지기도 한다. 그렇다고 내가 하고 싶은 것만을 하며 내 꿈을 실현하고 성공의 길에 도달한다면 좋겠지만 현실은 그렇지 않다. 우리는 지금 꿈과 동떨어진 일을 하면서 귀한 내 시간을 낭비한다고 생각할 수 있다. 도전을 향한 직접경험이면 좋겠지만 그렇지 않다고 투덜대기엔 시간이 너무 아깝다. 지금 하는 일에서 내 미래에 필요한 단 한 가지를 찾도록 해보자. 만약 내가 내 꿈을 위해 어디서든 계속 배우고 있다면 여전히 스펙을 쌓고 있다는 얘기가 아닐까?

> 사람들은 혁신이 창의적인 아이디어를 갖는 것으로 생각한다.
> 그러나 혁신은 빨리 움직이고 많은 것을 시도해 보는 것이다.
>
> 마크 주커버그

뿌리 깊은 나무가
쓰러지지 않는 것은 진리다.

몇 해 전 국민들의 큰 관심을 불러일으킨 Mnet 〈프로듀서 101〉 이라는 방송 프로그램이 있었다. 시청자가 프로듀서가 되어, 처음부터 가수 지망생들을 선택하고 데뷔시키는 것이었다. 우리는 부엇을 시작할 때나 배울 때 기본과 기초에 충실해야 한다는 사실을 잘 알고 있다. 영어권 국가에서 보통 배움의 기본과정을 상징하는 '101'이라는 숫자를 사용해 처음부터 국민들이 프로젝트에 참여해 가수를 양성한다는 생각이 들게 했다. 그렇게 내가 원하는 가수를 내 선택과 관심으로 데뷔시킨다는 신선함이 많은 시청자들의 관심을 끌었다.

기본이 중요하다고 말하는 사람들이 많다. 무슨 일을 함에 있어 기본과 기초가 완벽할 때 적용과 응용이 효과적이기 때문일 것이다. 영어를 공부할 때도 문법이 덜 중요하다고 말할수 있지만 그렇다고 문법을 아주 배제하고 외국어를 배울 수 없다. 사실 우리도 태어날 때부터 자연스럽게 듣고 말해서 국어 문법이 덜 중요하다고 느끼는 것뿐이다. 과거 한국어 공부에 열정적인 외국인을 만났을 때 그들이 우리보다 문법을 더 잘 알고 있는 모습에 적지 않게 당황했던 이유는 그들 또한 기본의 중요성을 알기 때문이다.

실용적인 측면에서 보면 기본은 쓸모없어 보일 수 있다. 학교에서 배운 내용과 직장에서 실제 사용하는 내용은 엄연히 다르기 때문이다. 모든 사람이 쉽게 이해할 수 있는 수준에서 알려주는 것을 기본과 기초라고 할 수 있다. 그와 달리 이익이나 결과를 만들어 내야 하는 직장에서는 응용이나 적용이 더 필요한 것은 어찌 보면 당연하다. 그렇다고 기본 없이 응용 만 바라는 것은 아니다. 말 그대로 기본은 모두가 알고 있다고 전제를 하고 실질적인 결과와 이득을 위해 응용하고 시도하고 있는 것이다.

기본을 가볍게 무시하다 보면 "학교에서 그거 안 배웠어?" 라는 말이 돌아온다. 그럴 때 느낀다. '여기는 학교가 아닌데...'라고 몇 번을 머릿속으로 생각하게 된다. 모두가 기본을 배운다는 것은 언어 학습의 문법과 같다. 언어를 구사할 때 의도하진 않지만 문법에 맞게 대화를 한다. 일상적인 대화를 할 땐 큰 문제가 없다. 만약 토론이나 공청회와 같은 공식적인 상황에서 대화를 한다면 다르다. "말의 앞뒤가 맞지 않아 이해가 되지 않네요.", "말씀의 요지가 뭔지 잘 모르겠어요."와 같은 대화가 오고 갈 수 있다.

영천에서의 12주는 내 인생에서 가장 소중한 것을 배운 시간이었다. 물론 그 당시에는 직접 느끼지 못했다. 어떻게든 '임관'이라는 작은 봉

우리를 넘겠다는 각오로 이 악물고 버텼기 때문이다. 영천을 떠나 내 첫 근무지 파주로 가고 팀원들과 훈련을 하며 비로소 알게 되었다. 그 12주가 내게 앞으로 어떤 영향을 미칠 것이고 그로 인해 난 어떤 것을 얻을지 말이다. 어느 정도의 수정은 필요하겠지만 계획을 전체적으로 수정할 필요는 없었다. 내 계획을 실행하기 위해 체질을 바꾸고 체력을 키웠지만 반드시 하겠다고 했던 정신력은 약했다. 하나하나 도전하고 성취했던 재미를 느껴 본 것은 사실이었지만 실패를 맛볼 땐 슬럼프도 동반했다. 위급한 상황이 발생했을 때 필요했던 '마인드 컨트롤'은 사실상 없었던 것이다.

장교가 되기 위한 훈련을 받으며 '마인드 컨트롤'을 할 수 있는 방법을 몸소 익혔다. 화생방 교장까지 방독면을 쓰고 뛰어가거나 암벽등반, 막타워에서 레펠 훈련 등을 하면서 내 정신을 사로잡는 고통과 두려움을 맛봤다. 몸은 괜찮다고 하지만 내 정신은 그렇지 못했다. 이미 생긴 걱정과 두려움은 내 몸을 경직되게 했고 자유롭게 움직이지 못하게 했다. 주어진 훈련을 못 받을 것 같았고 가끔은 내 선택을 후회하기도 했지만 그렇다고 피할 수 있는 곳은 없었다.

그곳엔 나만 있는 게 아니었다. 나와 비슷한 생각을 하는 동기, 나보다 더 두려워하는 동기, 이 상황을 재밌게 즐기는 동기 등 다양하게 있었다. 우린 혼자 그리고 때론 같이 이 과정을 헤쳐나가야 했다. 두려울 땐 응원을, 힘들 땐 손을 내미는 동기들이 있어 무사히 끝낼 수 있었다. 하나씩 완료할 때마다 이전에 느꼈던 신체적 두려움과 걱정은 자신감으로 바뀌었다. 비록 혼자가 힘들 땐 함께 완료해야 했지만 심리적으로 더 이상 흔들리지 않았다. 한번 경험하고 나니 '다음에도 이 정도까지는 문제없겠고 만약 그 이상이면 조금 힘들더라도 해내면 되지'라는 생각이 서서히 자리 잡기 시작했다.

정신과 육체의 한계를 극복하고 생긴 자신감은 나 스스로에게 일종의 '마인드 컨트롤러' 같은 것이었다. 어려운 상황을 만나게 되면 '그래 저번에도 했던 건데 뭐, 저번처럼 또 한 번 해보자!'와 같이 걱정과 두려움을 자신감으로 바꿔주는 역할을 했다. 그렇게 마인드 컨트롤이 되었던 이유는 각종 훈련을 받으며 완성되었던 육체적, 정신적 자신감 때문이었다. 비록 같은 일을 하진 않겠지만 이미 완성된 자신감은 그 어떤 어려움이 닥쳐도 쉽게 무너지지 않는다. 또한 작은 과제들을 집중하고 넘다 보면 어느 순간 자연스럽게 봉우리에 도달해 있는 내 자신을 보게 된다.

체력적인 한계에 도달하면 그때부턴 정신력이 우리를 이끌어 가기 때문에 평소 신체가 건강하거나 힘이 있을 땐 우리가 갖고 있는 진정한 정신력을 만나보기 쉽지 않다. 만약 힘든 상황에 처해 육체적으로 한계를 느낀다면 그때부터 우리를 몰래 끌고 가는 것이 우리의 정신력이다. 그렇게 정신력은 우리의 목표까지 체력적 한계에 도달한 우리를 업고 가기 때문에 보통 그 과정을 기억하기 쉽지 않다. 목표에 도달하고 나면 맡은 일을 완료한 정신력은 우리를 목적지에 내려놓고 사라진다. 그럼 그때부터 우린 힘들었던 것은 기억하지 못하고 현재 우리 눈에 보이는 성취한 것만 기억하게 된다.

이렇게 한번 생긴 정신력의 도움으로 생긴 자신감은 쉽게 없어지지 않는다. 그 이유는 체력이 방전되어 힘들 때 우리의 정신력을 다시 만날 수 있다는 확신이 있기 때문이다. 특히, 사실과 경험으로 생긴 자신감은 더더욱 강하게 남아 사라지는 법이 없다. 만약 내가 20km의 하프 마라톤을 완주했다고 한다면 더 이상 같은 거리로 두렵거나 걱정하지 않는다. 이미 정복한 하프 마라톤은 더 이상 나의 목표도 두려움도 아니기 때문이다. 하프 마라톤을 성공한 대부분의 사람들은 42.195km의 정식 마라톤 완주만 생각할 것이기 때문이다.

도전에 임할 때 단계를 정하고 시행하는 것이 좋다고 생각한다. 인생의 최종 목표를 향해 가는 과정이 그리 쉽거나 순탄하지 않을 것이다. 한 단계 한 단계의 설정된 목표를 넘다 보면 어느 순간 최종 목표에 도달했을 가능성이 커진다. 끝이 보이지 않을 정도로 자란 나무는 보기만 해도 멋있다. 굵은 몸통과 높게 뻗은 가지 또한 그 나무의 위용을 짐작하게 해준다. 처음부터 이 나무가 이렇게 크고 굵게 자란 것은 아니다. 자신이 성장 단계에 맞춰 조금씩 자라 모든 사람들이 우러러 보는 크고 멋진 나무가 되어있을 것이다.

몸통보다 더 중요한 것이 하나 있다. 그렇게 큰 나무가 굳건히 서 있기 위해선 땅 속에 있는 뿌리가 아주 단단해야 한다. 단단하지 못한 뿌리를 갖고 있는 나무는 하늘 높이 굵은 몸통과 가지를 올릴 수 없기 때문이다. 강한 체력만으로는 한계가 있다는 것을 직접 경험했다. 강함보다는 부드러움이 필요할 수도 있다. 우리의 도전이 성공적으로 마무리되기 위해선 우리의 뿌리인 정신적 자신감이 필요하다. 그 자신감은 우리의 마인드를 컨트롤해 하늘 높이 뻗어 올라갈 수 있는 든든한 버팀이 되어 줄 것이다. 그렇게 든든하게 버티고 있어야 기회가 왔을 때 잡을 수 있다. 이미 쓰러져 버린 나무가 가야 할 곳은 너무 뻔하다.

허약해서 코피를 자주 흘렸고 높은 곳을 무서워해 '놀이 기구'도 타지 않았던 나는 내 도전으로 삼은 육군에서 생각지도 못한 훈련들을 해냈다. 물론 그 후로 이라크 파병을 위해 특수전교육단에서도 훈련을 받았지만 이 모든 것의 시작인 기본과 기초는 영천에서의 12주 훈련이었다. 일반 학생에서 군인으로, 군인에서 장교로 바꿔준 단계별 훈련을 통해 계획했던 도전을 놓치거나 포기하지 않고 단계적으로 시행하고 성취하는 방법을 몸과 마음 깊은 곳에 새겼다.

미래는 꿈꾸는 사람에게만 열린다.
성공한 사업자는 3가지 조건을 가지고 있다.
통찰력, 안목 그리고 실력이다.
마윈

20대라 가능했던 1,000만원으로 내 집 마련

한국인의 집에 대한 관심은 애착을 넘어 집착이 아닌가 하는 생각이 든다. 열심히 일하고 저축과 투자를 하는 이유도 결국엔 집을 사기 위한 것이다. 만약 집은 없는데 비싼 자동차를 타고 다니면 철이 없다거나 경제관념이 없는 것처럼 비치는 것도 요즘 우리의 현실이다. 이처럼 한국인들에게 집이 갖고 있는 의미는 상당히 크다. 외관적인 의미로는 외부로부터의 안전을 보장하고 가족에겐 심리적 휴식을 제공하는 의미를 갖고 있다. 게다가 경제적 의미로는 가정의 부를 가져다줄 미래의 자산으로서 투자의 가치도 갖고 있다.

21살에 고향인 부산을 떠나 기숙사, 고시원, 하숙집 생활을 하며 대학을 졸업했다. 5명의 가족 구성원이 같이 살다가 혼자 독립하고부터는 버릇이 하나 생겼다. 그건 바로 적막함을 참기 힘들어 '백색 소음'을 고의로 만들어야 했다는 것이다. 너무 조용하면 아무것도 할 수 없었다. 집중력이 오히려 떨어져 무엇을 해도 오래하기 힘들었다. 사실 그 때부터였던 것 같다. 기숙사에서는 라디오를 틀고 고시원에서는 이어폰을 꽂고 영어 테이프를 들었다. 하숙집으로 옮기고부터 난 방에 들어가면 불을 켜기 전에 항상 TV 전원 버튼을 먼저 찾았다. 절간처럼 조용한 것이 싫었다. 사람이 사는 것 같은 생활 소음이 필요했다.

군 생활 첫 근무지는 파주 금촌이었다. 금촌역에서도 한참을 들어가야 했고 학생들이 등하교하는 시간을 제외하고는 어떤 대중교통도 없었다. 그저 금촌역을 나가려면 택시를 불러서 타야 했다. 부대만 있는 동네라 정말 조용했다. 가끔 들리는 개 짓는 소리를 제외하고는 차도 거의 다니지 않는 그런 조용한 동네였다. 숙소는 두 명이 한방을 쓴다는 것이 정말 다행이었다. 그 조용한 숙소에 혼자 산다면 아마 심심해 죽을 수 있을 것 같았다.

물론 그 방에 자주 들어와 자지는 못했다. 한 달에 일주일 정도만 정상적으로 퇴근을 해 내 방에서 쉴 수 있었지만 나랑 같이 방을 쓰는 선배도 자주 들어오지 않아 결국은 혼자 자는 날이 많았다. 인터넷 케이블이 들어오지 않는 오지라 TV외에는 아무것도 없었다. 혹시 일이 일찍 끝나는 날이라도 늦게까지 남아 이런저런 얘기도 하고 TV도 부대원들과 같이 보곤 했다. 퇴근 후에도 이동에 대한 제한이 있어 친구들을 보러 가는 것도 불가능해서 그저 내 방에서 TV와 혼연일체가 되어야 했다.

그렇게 생활을 하던 내가 갑자기 집을 사게 되었다. 뭔가에 홀린 듯 정말 빠르게 계약이 이뤄졌고 2004년 27살이라는 정말 어린나이에 요즘의 '영끌'을 이용해 집을 샀다. 갑작스럽게 집을 사게 된 계기는 간단했지만 내 인생에서 가장 큰 구매 행위였고 첫 번째 빚 이였다. 물론 그 당시 바로는 느끼지 못했지만 불과 몇 년 뒤에는 도전을 위한 '선제적 행동'의 중요성에 대해 배우게 된 계기가 되었다. 행동으로 옮기지 않으면 아무것도 일어나지 않는다는 것 말이다.

2003년 부산에 있던 여동생이 취직해 서울로 오면서 회사 근처에서 혼자 살게 되었다. 근처에 이모 댁도 있어 필요할 땐 도움을 받으며 별 탈 없이 살고 있었다. 그렇다고 사건이 전혀 없던 것은 아니었다. 어느 날 여동생은 집에 누군가 들어간 것 같다고 느끼고 집 밖에서 안으로 들어가지 못하고 있었다. 난 하필 당직이라 전화를 받고도 아무것도 해 줄 수 없는 상황이었다. 근처에 살던 이모부도 그날따라 일이 있으셔서 바로 도와주질 못하는 상황이었다.

문밖에서 한참을 겁에 질려 있다 늦게 오신 이모부의 도움으로 집 안을 살펴봤고 아무것도 없다고 안심을 했던 일이 있었다. 아무래도 여자 혼자 살던 집이었고 그것도 1층 주택가다 보니 여러모로 위험 요소가 있긴 했다. 난 이 사건을 계기로 집을 사야겠다고 다짐을 하게 되었다. 이 다짐이나 의지만으로 비싼 집을 사는 것은 어려웠다. 무엇을 하든 내 의지 하나만으로 할 수 있는 것은 아무것도 없었다. 모른다는 것을 주변에 알리고, 도움을 청하고, 도움을 받아야 한다는 것이다.

그런 생각을 부모님께 말씀드리고 부모님은 경기도 고양시에서 부동산 관련 일을 하는 지인에게 말을 전달했다. 2004년 봄 드디어 괜찮은 물건이 나왔다고 연락이 왔다. 교통은 잘 발달되어 대중교통을 이용하기 편하면서 주변보다 저평가되어서 가격은 저렴한 아파트였다. 만약 결혼을 한다면 아파트 단지에 초·중·고가 같이 있어 아이 키우기에도 좋은 위치였다. 일반적인 아파트에 비교한다면 가격, 위치, 교통 등 나쁜 것은 없었다.

물론 지금 나이였다면 정말 망설이지 않고 그 가격의 아파트를 당장 살 것이다. 그 당시엔 싸다고 소개받은 그 아파트도 사실 불가능했다. 안전하게 살 수 있는 아파트를 사야겠다는 생각에서 시작된 부동산 거래였지만 사실 갖고 있는 현금이 거의 없었다. 지난 1년 반 동안 봉급에서 적금한 돈, 1,000만 원이 내가 가진 전 재산이었는데 실제로 아파트를 구매하기엔 불가능한 액수였다. 아파트를 직접 눈으로 보니 더 포기할 수 없었고 그냥 갖고 싶다는 생각뿐이었다.

부모님께서는 결혼해서 살 집을 미리 장만한다 생각하고 은행에서 대출을 받아 구매하고 살면서 갚아나가라고 하셨다. 은행 대출 외에도 모자란 금액은 엄마의 지인에게 빌려 결국 집을 구매하게 되었다. 집을 사겠다고, 사야만 한다고 생각했을 뿐 난 사실 알고 있는 게 아무것도 없었다. 돈은 내 상상보다 많이 필요했고 난 필요 이상으로 돈이 없었다는 것을 말이다. 어떻게 보면 도박 같은 일을 한 것일 수 있다. 내 소유로는 아무것도 없던 내가 집값의 90% 정도의 돈을 은행과 지인 대출을 받아 샀지만 지금까지 느껴보지 못한 실로 거대한 만족감을 맛봤다.

그렇게 새로운 보금자리가 된 아파트에서 여동생이 살면서 근처에 있는 회사를 다녔다. 물론 나도 결혼에서 1년 반 정도를 그 집에서 살았다. 물론 그 뒤로 해외 근무와 야전근무를 하여 사실 난 그 집에서 다시는 살아보지 못했지만 말이다. 우리 가족이 모두 떠난 집은 월세를 받아 은행 대출금을 냈고 해외 근무 등에서 받은 수당으로 지인에게서 빌린 돈을 갚았다. 몇 년 뒤에는 아파트 시세 차액을 남기고 팔면서 내 첫 집과의 좋은 추억은 끝이 났다.

온전한 내 힘으로만 산 아파트는 아니었다. 부모님과 지인, 은행 등이 도와줘서 만들어 낸 결과였다. 내가 살 때는 매달 일정 금액의 대출금 납부가 신경이 쓰였고 부담이 되었다. 물론 지방발령으로 세입자를 받았을 때는 그 돈으로 대출금을 충당했다. 아파트 구입으로 내가 배운 가장 중요한 것은 두 가지였다. 한 가지는 선제 행동의 중요성이었고 나머지는 도움 받는것을 주저하지 말라는 것이었다.

하고 싶은 것이나 갖고 싶은 것이 있다면 실행을 위한 나만의 준비를 해야 한다. 반드시 하겠다는 의지를 갖고 있어도 실행에 옮기기 힘든 게 사실이지만, 만약 반대로 준비를 마친 상태라면 실행에 주저함이 없을 수 있다. 도움을 받지 않고 사는 사람은 세상에 없다는 것을 우리 모두는 동의한다. 내가 무엇인가를 하고 싶은데 그게 내 전문분야가 아니라면 만나는 사람마다 내가 원하고 있다고 얘기를 해야 한다. 물론 당장 상관없는 사람이 듣고 아무런 피드백을 주지 않을 수 있지만 결국 그 말은 돌고 돌아 내가 필요한 사람과 나를 연결시켜 주기 때문이다. 무리수를 갖고 구매한 첫 아파트에서 어린 나이의 내가 배운 것은 '가끔은 저질러 놓고 해결하는 것도 한 방법'이란 것이었다. 저질로 놓는다는 의미는 즉각적인 실행이기 때문이다.

평소에 생각이 많고 진지한 편이라서 무리한 아파트 구매는 내가 선호하는 방식은 아니었다. 물론 아파트 구매의 필요성을 내·외적인 이유로 느끼고, 실행에 옮기고, 월세를 받고, 집을 다시 팔기까지 많은 것을 배울 수 있었다. 즉, 생각만 갖고 실행에 옮기지 않으면 아무것도 얻을 수 없다는 가장 기본적인 생각을 갖게 되었다. 그것이 경제적 요소이든 경험적 요소이든 말이다. '매 달 이자를 갚기 힘들면 다시 팔고 대출금을 갚으면 되는 거지... 나이도 젊은데...' 라는 생각 때문에 도전할 수 있었던 것이다.

> 당신이 하는 것, 꿈꾸는 것은 모두 이룰 수 있으니 시작하라.
> 대담함에는 천재성과 힘과 마력이 들어있다.
> 요한 괴테

인생 고민!
생각은 깊게 선택은 과감하게

몇 년 전 국내 한 신문에 중국은 '약자에게 강하고 강자에게 약하다'는 기사가 났었다. 미국 편을 든 캐나다와 호주에게는 무자비하게 보복하는 한편 실제 미국과 프랑스에게는 별다른 조치를 취하지 못한다는 것이었다. 우리는 자라면서 사회적, 문화적, 그리고 교육적으로 '강자에게 약하고 약자에게 강한사람'을 정의롭지 못한 사람이라 배운다. 왠지 강자에게 강하고 약자에겐 약한 것이 이미 정답으로 정해져 있는 것 같은 생각이 들기도 한다. 그렇다고 항상 강자가 나쁘고 약자가 착한 것만은 아니다.

약자가 적법하고 적절한 도움이나 권리를 요청할 때 강자는 권력 유무를 떠나 그 공정함을 잃지 말아야 한다. 조직생활에서의 권력은 한시적이면 임시적인 경우가 많다. 즉, 영원히 내가 상대방보다 갑의 관계에 있을 수 없다는 것이다. 만약 그것이 내가 노력에서 얻은 결과가 아닌 잠깐 머물다가는 업무일 경우에는 더욱더 그러하다.

우린 살다가 많은 유형의 사람들을 만나지만 특히 본인의 것도 아니면서 본인의 것인 양 생색을 내고 유세를 떠는 상사나 동료를 볼 때가 많다. 조직의 예산을 운영하는 것뿐이지만 흡사 본인의 돈을 업무 예산으로 쓰는 듯 착각에 빠져 있는 그런 사람들 말이다. 이런저런 규정이네 방침이네 따져가며 쉽지 않게 자금을 운용하게 해주지만 정작 본인이 사용할 때는 그렇게 따지는 규정이나 방침은 어디에도 없다. 특히 본인과 친한 선후배에게는 본인의 영향으로 예산 집행이 쉽게 이뤄졌다는 등 상식 이외의 누가 봐도 저주에 가까운 말들을 쏟아 내기도 한다. 요즘 말로 "내로남불(내가 하면 로맨스 남이 하면 불륜)"인 셈이다.

나 또한 지난 20년간 비슷한 경험이 많다. 특히 기억에 남는 일화가 있다. 임관하고 부임한 첫 부대에서 열심히 근무하여 장기 복무자가 되기 위해 노력했다. 군에서 20년 연금을 받기 위해 우선 장기 복무자로 선발이 되어야 한다. 선발을 위해선 객관적인 평가도 중요하겠지만 실질적으론 해당 부대장의 주관적인 의견이 9할 이상이라고 보면 된다. 그만큼 부대 내에서의 맡고 있는 역할이나 인지도가 절대적이라는 말이다.

2003년 11월 알파포대에서 전포대장이란 직책을 수행하고 있었는데 동기들이 아닌 1년 선배들과 나란히 일하게 되어 나름 좋은 기회였다. 2004년 장기복무 심사에 들어가기 위해 중요한 것들이 많았지만 그 당시 중요한 정보들은 규정이나 지시문을 보면 되는데 그렇게까지 해박하지 못해 그냥 귀동냥에만 의존하고 있었다. 그만큼 아는 것이 없었고 그저 맡은 자리에서 멍청하게 열심히만 일하면 된다는 주변 선배들의 형식적인 말만 철석같이 믿었기 때문이다.

결국, 진실은 그 부대를 떠나서 알게 되었지만 그 당시에는 형식적인 말이라도 해주는 선배들을 무조건 믿었다. 선배들과 같은 해 중요한 임무를 맡게 되어 설레었고 기대감도 있었다. 실질적으로 업무도 중요했지만 서류상으로 내가 맡은 일을 명령으로 기록해 놓는 게 더욱 중요했다. 한참을 고민하다 대대 인사과장을 만나러 갔다. 새파랗게 어린 후배가 보직 명령을 위해 인사과를 직접 간다는 게 버릇없어 보일까 많은 고민을 하다가 내 인생을 위해 직접 방문하게 되었다.

인사과라는 곳이 일이 엄청 많고 바쁜 곳이어서 혹시 내 업무관련 행정 조치가 늦어질까 봐 내 나름 고민에 고민을 하다 방문한 것이었다. 인사과장은 반갑고 웃으며 응대해 줬고 "나만 믿어. 곧 명령 날 거야. 인사명령 건의 공문 올렸어."라며 날 안심 시켰다. 그 후 한 달에 약 1주일 정도만 퇴근하는 삶을 두어 달간 하며 버텼지만 나에 대한 그 어떤 행정 조치도 내려오지 않았다.

사실 12월이 되면서 불안해지기 시작했다. 2004년부터 장기복무 심사에 들어갈 때 중요하게 적용될 경력이라 조급했지만 정작 인사과장은 "곧 될 거야."라며 느긋했다. 2004년 1월이 되면서 느낌이 오기 시작했다. '내 전포대장 직책에 대한 명령이 나지 않겠구나. 인사과장은 본인 이외에 다른 사람에 대한 일 처리를 해 줄 생각이 전혀 없구나. 어차피 본인과는 상관없는 일이니까 물어볼 때마다 대답만 하겠구나.' 라고 말이다.

이 상황을 스스로 해결하기 위해 끊임없이 생각했다. 그렇다고 아무 권력도 없는 대대 막내 장교가 할 수 있는 생각은 거의 없었다. 1월 초 한 통의 전화를 받았다. 자이툰 부대원으로 2004년 3월에 이라크로 파병 갈 생각이 있냐는 것이었다. 대학교 4학년 때 발생한 9.11 테러의 영향으로 미군은 2003년 3월 이라크 전쟁을 시작했었다. 사실 그때부터 파병의 기회가 오길 기다리며 있었다. 만약 우리 군이 이라크로 파병을 간다면 반드시 아랍어 전공자를 선발할 것이라고 예상했었고 그 예상이 현실이 된 것이다.

첫 부대로 부임 후 선배들은 물어봤다. 아랍어를 계속 공부하는 이유가 파병가려는 거냐고 말이다. 난 항상 대답했다. 파병의 기회는 반드시 올 것이고 그 기회가 왔을 때는 놓치지 않고 갈 것이라고 말이다. 지금도 기억이 난다. 그 당시 두 명의 선배가 '꿈도 크다! 짬밥도 안되는 게' 라며 비웃듯 했던 말들을 말이다.

군인이 되기 전부터 내 답은 정해져 있어서 망설일 필요가 없었다. "네, 이라크에 반드시 가고 싶습니다."라고 대답을 했다. 내 인생은 나 스스로 개척하리라 생각을 했다. 내 인생마저도 다른 사람의 평가나 선택으로 결정되는 이런 군대 문화 속에서 다시는 다른 사람에게 구걸하며 살고 싶지 않았다. 내가 스스로 내 인생을 개척하고 내가 잘하는 것을 해서 장기복무도 연금도 받아 내리라 다짐했다. 지금까지 아무 생각 없이 선배들에게서 들어 정답이라고 생각했던 것에서부터 과감하게 이탈해야 했다.

앞에서도 말했지만, 목표를 향해 오랫동안 시간을 투자한다면 그 도전을 성공으로 마칠 가능성이 높아진다. 평소부터 그 도전에 대한 깊은 생각과 의지가 가득 차 있기 때문이다. 나 또한 2년 이상 파병을 생각하며 잠을 못 자더라도 아랍어 공부는 손에서 놓지 않았고 내 도전의 의지를 불태웠었다. 그렇게 2년 이상 준비하고 다짐했던 내 계획을 전화 받자마자 실행으로 옮겨 버렸다. 오랫동안 진심으로 충분한 고민을 했다면 실행을 위한 시간 할애는 사실 사치다. 그저 앞만 보고 달리면 된다. 그때도 지금도 내 분야는 국방장관보다 내가 더 전문가이기 때문이다.

기회는 준비된 자에게만 허락된다는 말이 있다. 아랍어를 활용해 군에서 경력을 쌓기 위해 몇 년을 계획하고 노력했는지 모른다. 파병을 가겠다고 육군 담당자에게 의사를 전하고 명령으로 내려 달라고 했다. 부대 관계자들은 "부대가 바쁜데 어디를 가냐?" 등 골치 아픈 소리만 해 댈게 뻔했기 때문이다. 육군에서 내려온 명령을 보며 난 부대 관계자들에게는 "안 간다고 했는데 강제로 교육 입교 명령이 내려온 것 같다."며 그 순간을 모면하면 되니까 말이다.

이제 조금씩 그 사람들을 어떻게 대하면 되는지 감이 왔다. 본인들보다 힘이 강한 본부에서 내려온 명령에는 절대 토를 달지 않기 때문에 내가 하고 싶은 것을 명령으로 받으면 되는 것이었다. "강자에게 약하고 약자에게 강한" 조직의 생리를 드디어 이해했다. 추가적으로 내 계획대로 일이 안될 때를 대비하여 내가 생각하는 모든 것을 알릴 필요가 없다는 것도 이해했다. 1월 초 그렇게 국방어학원으로 아랍어 교육을 받기 위해 입교를 하며 중동전문가가 되겠다는 내 도전이 실현되기 시작했다.

살아오면서 다른 사람의 부탁을 받을 때 내가 도울 수 있는 것은 최선을 다해 도왔다. 물론 내 능력을 벗어나게 될 땐 가능한 한 빨리 그 사실을 알려 피해를 최소화하려 노력했다. 모든 사람이 나와 같은 생각을 갖고 있다고 생각하는 건 큰 실수이다. 내가 부탁한 도움에 대해 상대가 형식적으로 나온다면 과감히 도움을 위한 다른 방도를 찾아야 한다. 손해는 오로지 나만이 몫이기 때문이다. 나만이 내 인생에서 항상 진심이기 때문에 선택의 기로에서 결단 또한 항상 과감해야 한다.

어제와 똑같이 살면서
다른 미래를 기대하는 것은 정신병 초기 증세다.
알베르트 아인슈타인

명심하라.
세상에 공짜 점심은 없다.

어른이 된 남자들은 전쟁영화를 꽤나 좋아한다. 총을 쏘고 포탄이 날아다니고 건물이 무너지고 사람이 죽어 나가는 잔인하고 무서운 전쟁영화를 말이다. 나 또한 좋아해 수집하고 자주 보는 그런 평범한 사람 중의 하나였다. 아이러니하게도, 내가 전쟁영화를 좋아하는 이유는 그 상황에 처할 가능성이 희박하다고 생각했기 때문이다. 그런 이유로 무섭고 잔인한 전쟁이란 소재로 된 영화를 즐겨 보고 소장한 게 아닌가 한다. 나 또한 희박하다고 생각했던 전쟁영화의 주연 혹은 조연으로 참여하게 될 거란 생각은 단 1초도 해본 적이 없었다.

드디어 내가 계획했던 중동지역전문가의 길에 한발 다가선 듯했다. 군 특성상 장기복무자가 아닌 장교들에게는 병과 교육을 제외하고 자기계발이나 능력계발을 위한 별도의 기회를 제공하지 않는다. 처음에 나 또한 장기복무자가 되고 나서 국방어학원에서 영어 교육을 받고 해외 석사과정에 지원하려 생각을 했었다. 장기복무자가 되어야 직업 군인으로서 전문분야에 대한 커리어를 만들 수 있었다.

이라크 파병은 포대장 종료 후 지원하는 것으로 계획을 세웠는데 그 이유는 파병부대 1진보다는 2진으로 임무투입이 되길 희망했기 때문이었다. 사실상 파병부대 1진은 시설건설 및 주둔지 방호 완성이 주된 목표라 생각을 했다. 그래서 이왕 파병 간다면 파병부대 내에서 단순한 임무수행이 아닌 주둔지 밖에서 다양하고 활발한 임무를 더 하고 싶었다. 중동지역전문가로서 파병된다면 비록 무장상태이겠지만 임무수행 인근 지역들을 찾아가 현지인들의 요구사항이나 협조를 위한 대화도 나눠보고 싶었다. 결국 생각과는 달리 1진으로 이라크를 갔지만 다행히 내가 원했던 다양한 활동과 경험을 충분히 할 수 있었다.

국방어학원에서의 두 달은 사실 부담의 연속이었다. 현역들과 외부에서 고용된 통역전문가들과의 경쟁에서 살아남아야 했다. 말이 경쟁이지 거의 불가능했다. 대학 4년 전공과 단기 어학연수가 경력의 전부인 나는 아랍국가에서 수년간 어학연수, 학사, 석사, 박사 등 교육을 받은 전문가와 붙어서 이길 자신이 없었다. 이라크 파병을 가기 위한 첫 번째 능선을 만났고 반드시 지나가야 파병이란 작은 봉우리에 이를 수 있었다.

실력은 당연히 부족했다. 그것이 사실이라 인정해야 했고 다른 승부수가 필요했다. 자유주제에 대한 대화가 가능한 전문가들과 경쟁하려면 주제에 대한 예상 답변이 필요했다. 필기시험은 사실 걱정되지 않았다. 대학에서 충분히 공부했고 파주 전방 GOP(General Outpost, 남방한계선

철책 경계초소)에서 OP(Observation Post, 관측소)장을 하면서도 아랍어만큼은 손에서 놓지 않아 자신 있었다.

다만 면접이 큰 변수였기 때문에 예상 답변을 아랍어로 준비했다. 경쟁에서 우위를 잡기 위해 약 100가지 정도의 예상 답변을 만들었다. 그중 2~3가지 정도의 예상 답변이 나와 준다면 더할 나위 없이 좋고 만약 나오지 않는다면 준비된 답변을 적절하게 섞어 완벽하진 않겠지만 최선의 답변을 하리라 다짐했다.

물론 예상 답변에서 3가지 질문이 출제되어 자연스럽고 자신 있게 면접에 임했고 군 파병담당, 대학교수, 현지인 등으로 구성된 면접관들의 칭찬을 받으며 당당하게 우리나라 처음이자 마지막이었던 '아랍어 통역장교'로 자이툰 부대에 합류했다. 비록 나의 첫 계획과 달리 우선순위 조정은 있었지만 국방어학원에서 언어교육을 받았고 이라크 파병까지 가면서 계획을 하나둘씩 실행에 옮기기 시작했다.

2004년 8월 용인시 매산리 특수전교육단에서 5개월간의 준비 기간을 마치고 당시 파병을 반대하는 시민들을 피해 새벽에 시누크 헬기를 이용해 서울공항으로 이동했다. 새벽에 도망가듯이 서울공항으로 이동하면서 드디어 이라크로 파병 간다는 것을 온몸으로 느낄 수 있었다. 10시간 정도의 비행 후 쿠웨이트에 도착했다. 각자의 짐을 챙긴 우리는 이라크 투입 전 모든 부대가 머물며 투입 전 훈련을 받는 캠프 버지니아로 이동했다. 3월이지만 40도를 넘는 뜨거움에 콧속은 바싹 말랐다. 처음 느껴본 일행들은 너무 건조해 코피를 흘리는 경우도 있었다. 마치

누군가 옆에서 불을 때고 나에게 부채질 하는 것 같은 뜨거움이었지만 이미 카이로에서 경험해 봐서 이질감보단 동질감이 더 컸다.

한국에서 파병 준비 5개월, 아르빌에서 7개월은 정말 많은 경험과 생각을 하게 만들었다. 처음으로 경험해본 미군 야전 기지는 정말 신선했다. 장갑차 내·외부 등 눈 붙일 수 있는 곳 어디에서나 연합군 컨보이 대원들은 쪽잠을 잤다. 숙소와 근무지의 구별이 없이 항상 긴장 상태였다. 쿠웨이트 캠프 버지니아에선 이라크 투입을 앞둔 미군 부대와 휴일을 맞아 축구를 한 적 있다. 그렇게 한 달이 채 되지 않아 그때 축구를 같이 했던 인원 중 한 명을 영화관에서 우연히 만났다. 생각보다 빨리 복귀했다며 내가 안부를 묻자 그 친구는 내게 "나만 돌아왔다..."라고 짧게 얘기했다. 그 부대가 IED(급조폭발물 또는 사제폭탄, Improvised Explosive Device) 피해를 받았고 내 옆에 있던 이 친구만 살아 돌아왔고 본인만 미국으로 돌아가게 되었다고 말했다.

물론 인정하려 하지 않았지만 조금씩 긴장감이 몰려오기 시작했다. 1진 투입 인원 중 일부는 지상으로 쿠웨이트에서 아르빌까지 우리 장비와 함께 육상으로 이동해야 했다. 나 또한 지상 기동팀에 포함되어 육상으로 자이툰 기지까지 가야 했으니 긴장이 되지 않는다면 거짓말이었다. 그런데 마침 영화관에서 만난 미군 친구의 말은 더 큰 부담으로 작용하게 되었다.

아직도 잊혀지지 않는 두 가지가 사건이 있다. 우선, 지상으로 전개하면서 전방 컨보이가 IED를 발견해 폭파 후 통과하는 것으로 결정이

됐다. 그에 따라 지상이동팀은 출발했던 기지로 복귀했고 미군은 IED를 폭파했다. 그때 본 폭발의 위력은 정말 대단했다. 영화에서 봤던 것처럼 폭발 후 연기와 먼지가 버섯구름같이 높이 솟아올라 멀리서도 보일 정도였다.

한 번은 지상으로 이동하며 바그다드에서 모든 차량들이 일시 정지를 한 적이 있다. 이동표적은 사격이 쉽지 않지만 표적이 정차되어있는 순간엔 타격이 쉬워 위험한 상황이었다. 차량은 오도 가도 못 했고 양쪽으론 2~3층 건물로 둘러싸여 있는 상태였다. 적의 유무가 확인되지 않았을 뿐 누가 봐도 포위되어있던 상황이었다.

이때 멀리서 오토바이 소리가 들려왔다. 무전을 통해서 오토바이가 다가온다는 내용이 반복적으로 보고가 되었다. 모두 침도 삼키지 않고 오토바이만 집중했다. 다가오는 오토바이가 그냥 지나쳐 가길 바랐다. 한국군 차량으로 수류탄 등을 이용한 공격이 이뤄지지 않기만을 바랬다. 그때 난 내 심장 소리가 내 귀에 들리는 것을 처음 알았고 털이 선다는 것을 처음 느꼈다.

다행히 아무런 피해 없이 무사히 아르빌에 도착 후 나는 현지 정치인, 공무원, 주민 등과 민사작전을 실시했다. 지역 주지사, 장관, 군관계자, 경찰관계자, 이장 등을 만나며 한국군이 아르빌에 온 목적 달성을 위해 열심히 업무 했다. 아르빌주 청사에서 근무하는 날에는 바로 앞에 있는 시장에 가서 점심이나 저녁거리를 조달해서 먹었다. 이집트에서 공부할 때 같이 어학연수를 온 것 같은 기분인데 다른 것은 소총, 방탄복 등으로 무장을 하고 있다는 것이었다.

2005년 1월이 되었고 난 3월 귀국에 맞춰 스스로 파병 결산을 해야 했다. 얻고자 한 것이 있어 나 또한 위험을 각오한 것이니 확실히 해야 할 필요가 있었다. 한국군 역사상 처음으로 '아랍어 통역장교'라는 직책을 받고 이라크에서 근무했다. 그게 시작이 되어 지금까지 중동지역 전문가로서의 커리어 구축이 상대적으로 순탄했다. 파병수당도 꽤 받아 한국에 있는 동기들 보다 약 2.5배 정도 더 벌수 있었다. 파병 7개월간 3,000만 원 정도의 수입을 벌어 귀국 후 결혼 자금으로 사용할 수 있었다. 장기복무자가 아닌데도 동기들보다 1년 먼저 대위 진급을 했고 봉급도 올랐다. 이 또한 이라크 파병의 득을 톡톡히 본 것이었다. 무엇보다 파병의 주목표였던 장기근무자가 되었다. 스스로 결정하고 위험을 감수한 결과 드디어 목표를 이뤄냈다. 만약 아직 포병부대 인사과장이 내 부탁을 들어주기를 바라고 한국에 있었다면 내가 장기근무자가 되는 일은 결코 없었을 것이다.

이제 중동지역전문가가 되기 위한 길만 걸으면 되었다. 이라크 파병에서 아랍어 통역 간에 실수를 줄이기 위해 노력하고 외부 전문가들로부터 노하우를 전수받은 결과 내 실력은 눈에 띄게 향상되었다. 일하면서 어학연수도 갔다 온 것 같은 결과를 만들어 냈고 그로 인해 귀국 후 이집트로 지역연구 석사학위를 갈 수 있었다. 임무 종료 전 실시한 직무 평가에서 평가관은 나의 노력과 실력에 대해 칭찬을 아끼지 않았다. 한국에선 쓸 대 없다던 내 능력이 이라크에선 요긴하게 사용됐다.

내가 노력하고 도전해서 이라크에서 얻은 것은 상당히 많다. 꿈이 있는 한 청년이자 경험이 필요했던 한 군인으로서 말이다. 적과 직접

교전한 것은 아니지만 분쟁지역에서 배운 긴장감, 전술적 사고, 정신력 등은 한국에서는 경험할 수 없는 값진 것이었다. 특히 국방의 의무를 지고 복무를 하는 현역 군인에게 이런 상황이 한국에서 일어났을 때 긴장과 두려움을 어떻게 극복할지 알게 해줬다. 사실 두렵고 무서웠지만 어린 나이에 스스로 결정하고 스스로 도전한 이라크에 가지 않았다면 이 많은 것들을 얻을 수 없었다.

내가 갖고 싶고 먹고 싶은 것을 줄 수 있는 누군가가 있다면 제일 좋겠지만 현실은 그렇지 않다. 만약 내가 갖고 싶은 것을 얻을 방법이 있다면 어떻게 할 것인가? 방법이 있으니 최선을 다해 노력해서 그것을 갖거나 아니면 방법이 있어도 너무 어렵다고 포기하거나 둘 중 하나일 것이다. 포기할 거면 무엇을 하든 상관없겠지만 갖고자 한다면 방법을 찾아 도전해야 한다. 두려움을 극복하든 평범함을 거부하든, 세상에 공짜 점심은 없다는 것을 반드시 명심하자.

> 운명이란 탓하는 사람에게는 짓궂게 굴고
> 용기 있는 사람에게는 길을 열어준다.
> 마틴 루터

주저할 시간에
꿈을 위해 나아가라.

우리는 살면서 "과연 나답게 사는 것이 뭘까?", "남들과 다르게 살 수 있을까?"라는 질문을 자신에게 많이 한다. 《부자아빠 가난한 아빠 2》에서 작가는 우리가 남들과 다르게 살아야 하는 이유에 대해 설명한다. 다른 사람들과 다른 것을 얻고 싶으면 다른 길, 즉 사람들이 하지 않는 것을 해야 한다는 것이다. 여기서 가장 위험한 단어는 다른 사람들과 같은 길을 간다는 것이다. 사실 우리는 사회적으로 정해진 틀 안에서 같은 것을 보고 배워 같은 길을 걸어가도록 교육받고 학습되었다.

오로지 나로 살고 싶어 지원한 이라크는 나에게 가장 두려운 순간이었고 다시는 시도하지 못할 큰 도전이었다. 결국 이라크 파병에서 성공적으로 돌아온 나는 처음으로 서울 근무를 하게 됐다. 대위로 진급을 하고 장기복무에 합격을 하자마자 머릿속의 복잡했던 계획을 우선순위와 변경요소들을 고려해 정리해야만 했다. 포병부대 근무 시 장기복무가 되지 못해 해외 유학과 해외파병의 순서를 조정해야 했었다. 따라서 이라크 파병으로 장기복무가 되었으니 이제 해외 유학과 결혼을 위해 앞만 보고 달려야 했다.

결혼과 해외 유학을 준비하기 위해선 서울에서 근무해야 했다. 해외파병 복귀 시 희망 근무지역에서 일할 수 있어서 서울로 희망 근무지를 제출했다. 다행히 서울 근무가 확정되면서 드디어 해외 유학 준비를 할 수 있게 되었다. 실제로 서울 근무는 전역 전 장교들이 많이 선호하는 지역이라 다들 말렸다. 미리 근무하면 전역할 때 서울에 근무하며 취업하기 힘들다는 얘기였다. 물론 몰랐던 것처럼 맞장구를 치며 대답은 했지만 사실 마지막을 서울에서 근무할 나만의 방안을 갖고 있었다.

2005년 3월 이라크 파병에서 복귀하면서 한 달의 휴가가 주어졌다. 이 기간에 난 결혼을 했는데 내 값비싼 휴가 기간에 결혼을 한 이유는 사실 단순했다. 새로운 부대로 발령을 받는다면 최소 3개월은 정신없이 바쁘다. 적응도 하기 전에 결혼한다면 일반적으로 부대 지휘관들은 좋아하지 않는다. 굳이 내 중요한 결혼을 눈치 보며 하고 싶지 않아 새로운 부대에 가기 전 개인 휴가 기간을 이용해 결혼식을 올렸고 신혼여행까지 갔다 왔다. 실제로 결혼 후 새로 전입 간 부대의 장은 결혼하고 왔다는 이유로 엄청 구시렁거렸다.

사실 한 달의 휴가기간에 결혼하기 위해 이라크에서부터 준비를 했다. 모든 것이 계획대로 진행되기 위해선 공백 없이 실행에 옮겨야 했다. 장거리 전화 통화로 결혼 날짜를 잡아야 했고 한국에선 나 없이 양가의 상견례도 이뤄졌다. 어디 드라마에서 나올 법한 스토리였지만 그것이 다는 아니었다. 지금 생각해도 대단했던 일은 내 청첩장을 내가 이메일로 받았다는 것이다. 인터넷 상황이 좋지 못한 이라크에서 메일 한 통을 열 때 다소 시간이 필요했다. 위에서부터 아래로 조금씩 열린 이미지 파일에서 내 이름이 적힌 청첩장을 받게 되었고 같이 일하는 동료들에게 "저 결혼해요"라며 소식을 알려줬었다.

그렇게 군 복무 간 첫 번째 서울생활이 시작됐다. 아주 큰 의미가 있었다. 이제 서울로 왔고 결혼을 했으니 해외 유학을 가야 했다. 우선 유학과정에 지원을 해서 육군으로부터 허가를 받아야 대학에 지원을 할 수 있었다. 난 토익공부를 하며 기회가 오길 기다렸지만 그 해 유학과정에는 지원 할 수 없었다. 지원 가능 병과가 맞지 않아 다시 1년을 더 기다린 후에 과정에 지원 할 수 있었다. 최종적으로 교육이 허락된다면 육군은 '카이로 대학교'와 '카이로 아메리칸 대학교(The Cairo American University in Cairo, AUC)' 중에서 심의를 해야 했다. 나의 목표를 이루기 위해선 난 어떻게든 AUC에서 공부할 수 있게 되길 자료를 제공해야 했다.

2006년 해외 유학과정에 지원을 하고 최종 발표 전이었던 6월에 전남 장성으로 포대장 교육을 받으러 갔다. 필수 교육이라 선택사항은 아니었고 유학과정에 불합격한다면 플랜B로, 선 포대장 임무수행 후 해외 유학과정에 재지원해야 했기 때문에 이 교육 또한 더 이상 미룰 수 없었다. 장성 포병학교의 생활은 정신없었다. 하루하루 수십 권의 전술교범을 보고 시험을 쳐야만 했다. 적과의 전투에서 승리하고 부대원을 지키기 위해선 배워야 할 것도 훈련되어야 할 것도 상당히 많았다. 그렇게 일상에 지쳐갈 때쯤 최종 면접일이 다가왔다.

최종 선발을 위한 지원자 최종 면접 장소에서 이라크에서 같이 근무한 선배를 만났다. 면접이 다 끝나고 주차장에서 그 선배는 나에게 퉁명스럽게 말했다. "이번에 떨어진다고 너무 실망하지 말고 내년에 꼭 다시 지원해라!"라며 말이다. 이라크 파병 전에 같이 교육을 받았고 파병 간에도 같은 사무실에서 친하게 지냈던 나로선 사실 황당하고 서운했다. 사실 친하니까 그냥 좋게 말해도 충분히 알아들을 수 있는데 어느 순간 선배의 앞길을 막는 훼방꾼처럼 취급받았다.

실력 면으로는 내가 합격할 자신이 있었지만 현실은 실력만 가지고 되지 않는다. 아쉽게도 군 특성상 교육 선발에 관련해서는 출신과 기수가 절대적인 영향을 끼친다. 당시 면접 참가자 총 3명 중 육사도 아니고 선배도 아닌 사람은 오로지 나 뿐 이었다. 합격 여부를 떠나 면접에 최선을 다하는 것 뿐 내가 할 수 있는 것은 없었다. 그래도 포기할 수 없었고 내가 할 수 있는 최선을 다해야 했다. 후회 없이 노력을 해야 다음 기회를 위한 경험과 새로운 작전을 세울 수 있을 거라 생각했다.

난 이집트 연수의 경험이 있고 언어 소통의 문제가 없으며 이라크에서도 아랍어 통역장교로 근무했다며 내가 적임자라고 면접관들에게 최선을 다해 어필했다. 마침내 최종 결과가 나왔고 당당히 난 2명의 선배들을 제치고 이집트로 가게 됐다. 사실 개인적으론 자신 있었지만 선배 2명과의 경쟁은 승산이 없던 것이라 상상이상으로 기분 좋았다.

드디어 대학 때부터 가고 싶었던, 나의 가장 큰 도전과제를 위해 카이로로 돌아갈 수 있게 되었다.

해외 석사과정을 갈 수 있는 자격을 부여받은 후에는 개별로 원하는 학교를 선정하고 과정을 지원해서 입학 허가를 받아야 했다. AUC 졸업을 목적으로 이집트를 지원했지만 반드시 졸업이라는 합리적인 결과 도출을 위해 비교 분석은 반드시 필요했다. 국립이라 학비가 저렴한 카이로 대학교와 학비가 아주 비싼 사립학교 AUC 중 육군이 학교 선정 심의를 하기 때문이다. 내가 가고 싶은 학교를 가기 위한 합리적 이유가 필요했다. 교육의 질과 저렴한 등록금이 심사위원의 심의 중점이기 때문이다.

카이로 대학교는 아랍어가 필수였고 석사과정이 4년이라 정해진 3년 안에 졸업이 힘들었다. 반면에 카이로 아메리칸 대학교는 영어와 아랍어가 필수이며 아랍어 능력에 따라 2년 이상부터 졸업이 가능했다. 정해진 3년이라는 수학기간 내에 졸업이 가능하고 향후 이집트를 지원할 후배들의 아랍어 실력을 고려하면 미국 학교인 AUC가 적절하다고 보고했다.

심의 결과 AUC로의 진학이 결정됐다. 뛸 듯이 기뻤지만 다음 단계를 위해 준비를 해야 했다. 지원서와 토플 성적 등을 제출하고 합격을 해야 했다. 장성 포병학교에서 받고 있던 교육은 더 이상 무의미했다. 이집트 중동지역학 석사과정이 최우선 과제가 되었다. 중동지역 전문가가 되기 위해 어렵게 이라크를 갔다 온 결과가 조금씩 나타나는 듯했다. 2007년 3월 이전에 대학원 합격증을 받아야 했고 그러기 위해선 남은 5개월간 죽어라 토플만 공부해야 했다.

고개를 넘으니 다른 고개가 기다리고 있었다. 사실상 장성에서 토플 공부는 쉽지 않았다. 퇴근 후에는 토플 인강을 듣고 주말에는 서울에 올라와 토플 주말반 수업을 들으며 공부에 전념했다. 3개월간 장성과 서울을 오가며 토플 공부한 결과 1월 완벽한 점수는 아니었지만 받은 토플 점수와 함께 AUC에 지원서를 냈고 기다리던 합격 소식을 이 메일로 받았다.

목표가 명확하다면 합법적인 범위 내에서 수단과 방법을 동원해서 이뤄내야 한다. 우린 여러 갈래 길도 만나고 막다른 길도 만날 수 있겠지만 목표만을 바라보며 달려가야 한다. 때론 목표로 향해 가며 많은 시련을 만나고 많은 인내가 필요할 수 있다. 주변의 달갑지 않은 시선과 충고 아닌 충고, 실력보단 연차가 중요한 관행, 조건에 맞지 않던 지원공고 등은 어쩔 수 없이 내가 감당해야 할 몫이다. 어쩔 수 없는 것에 시간 낭비하지 말고 내가 할 수 있는 것에 집중하자. 만약 내가 포기하지 않는다면 시련은 있겠지만 실패는 없다.

> 어떻게 살아야 옳고 훌륭한 삶인가 말하는 것도
> 물론 중요하지만 그것을 실천하는 것이 더욱 중요하다.
>
> 탈무드

기회를 얻기 위해 때론
바보가 될 필요도 있다.

"너 군 생활 포기했어?" 내가 군에 있으면서 가장 많이 들어본 질문이다. 나보다 더 들어본 사람은 아마 없을 것이다. 보수적이며 수동적으로 일해야 하는 군 특성상 개방적이며 적극적으로 하고 싶은 것을 찾아가는 내가 그렇게 보였을 것이다. 보통은 육군이나 상급부대에서 정해준 곳에서 정해진 기간 일하는 것이 관례였다. 반면 난 단 두 번을 제외하고 내 인생에 필요한 스펙을 쌓을 수 있는 곳에서만 일했다. 그래서 난 내가 한 모든 선택과 생활이 재밌었다. 나에게 '군은 최종 목표가 아닌 그저 지나가는 과정'이었기 때문이다.

이라크에서 귀국하며 처음으로 서울에서 근무하게 되었다. 앞서 말한 해외 유학을 가기 위한 지도교수 추천서나 토익성적 달성 같은 준비가 필요하여 반드시 서울로 와야 했다. 물론 서울 근무 외에도 나름 필요한 것들이 있었다. 개인적으로 생각했던 것 중에는 부대에서 상대적으로 덜 중요한 위치에서 일하는 것이었다. 중요한 자리가 아니면 해위 교육 합격 시 쉽게 부대를 떠날 수 있을 거라 생각했기 때문이다.

이라크에서 대위 진급을 하고 들어왔고 빠른 동기들은 이미 포대장을 하고 있었다. 실제로 대대 교육장교로 근무하면서 동기가 포대장으로 부임해 오기도 했다. 군인들은 남들과의 비교를 정말 부담스러워하면서도 사실 즐기는 편이다. 좋지 않은 것은 남들과 비교하기를 꺼리지만, 남들보다 잘한다고 생각이 들면 과감히 비교해서 자신의 우월감을 증명하려 말이다. 나의 첫 서울 근무 당시 나의 위치는 아마 동기들 중에서 최하위로 평가받았을 것이다.

주변의 동료들은 포대장을 하는 동기와 비교하며 대대에서 교육장교로 근무하는 나를 과소평가했다. 더 이상 군 생활에 뜻이 없는 사람이거나 아무런 생각도 없는 한심한 사람으로 말이다. 물론 땅에 선을 긋고 그 위를 걸어가야만 하는 사람들이 봤을 땐 선 밖에 서 있는 내가 이해가 안 될 것이고 불안하게 보일 것이다. 자신들은 전부 같은 길을 가고 있는데 나만 혼자 잘난 척하며 다른 길을 걷고 있다고 생각하니 말이다.

그래도 생각 없이 남들의 길을 따라만 가는 사람들과는 달라야 한다. 그들은 왜 가는지 무엇 때문에 가는지 생각조차 하지 않고 선배가 갔고 후배가 따라오기 때문에 이끌리듯 걸어가기 때문이다. 과연 지금 하는 일이 나에게 어떤 이득이 되는지, 왜 정말 하고 싶은 일은 못 하게 하는지, 만약 하고 싶다면 어떻게 해야 하는지 등을 생각해야 한다. 내 순서를 기다리며 줄 선다고 모든 것이 해결되는 것은 아니다. 그렇다고 줄을 선다고 반드시 내가 기회를 잡을 수 있는 것도 아니다.

해외 유학이란 기회를 기다리며 상대적으로 무시 받던 직책에서 일을 하며 1년을 버텼다. 같이 근무했던 대대장이나 선후배들, 부사관들은 하나 같이 이렇게 말했다. “대위 달고 중위 자리에서 근무하는 것 창피하지 않아요?”, “비록 선배긴 해도 같은 대위 밑에서 일하는 건 그렇지 않아요?”, “아무리 봐도 돈이 많거나 군 생활 포기한 것 같은데...” 와 같은 말들은 더 이상 새롭지도 않았다. 이런 상황에서도 중요한 것이 있다. 절대 해외교육을 지원할 것이란 정보를 부대에 흘려서는 안 된다. 대부분은 부대가 바쁘다, 너 없인 부대가 안 돌아간다 등의 이유로 발목을 잡기 때문이다. 사실 내가 없어도 부대는 정말 잘 돌아간다.

보통 군인들은 진급이 지상 최고의 목표이다. 본인의 의사와 상관없이 진급 여부에 따라 몇 년씩 근무 기간이 연장되기 때문이다. 비록 장기복무자라고 해도 대략 10년, 15년, 20년, 30년 정도마다 현역 군인들이 정리되기 때문에 진급은 곧 퇴직 기간이 몇 년 더 연장되었다는 의미이다. 물론 내 목표는 달랐다. 봉급을 받으며 당당히 자기계발을 하고 싶었다. 눈을 진급에서 과감히 자기계발로 돌리면 엄청난 기회가 보장되어 있다. 그 기회를 내가 잡지 않는다고 해서 예산을 절약하는 게 아니다. 다른 누군가가 그 기회를 활용하여 자기계발을 하고 있을 뿐인 것이다.

서울에서 유학과정 지원 준비를 하며 보낸 1년 3개월 동안 대대장을 비롯한 그 누구도 내가 해외 유학을 원한다는 것을 알지 못했다. 부대를 떠나 장성으로 내려가는 것이 결정되었을 때 지원서를 써서 대대장에게 갔다. "어차피 떠날 사람이니 지원해봐"라는 짧은 말과 함께 일사천리로 진행되었다. 그제야 1년 이상 뛰기 위해 남몰래 웅크렸던 내 다리를 조금씩 펼 수 있었다.

해외 유학 지원을 위해 모자란 듯 그리고 중요하지 않은 듯 지낸 1년 이상의 노력으로 안전하게 유학 과정을 지원할 수 있었다. 물론 결과 발표까지 몇 달이 남아있던 상황이어서 장성 포병학교에서 열심히 교육에만 전념했다. 유학 과정에서 낙방한다면 포대장 임무 수행 후 다시 지원을 해야 했기 때문에 당시 'Plan B'였던 포대장으로서의 준비도 소홀히 할 수 없었다. 물론 결과 발표에 따라 완전히 달라질 가능성은 있었다. 이집트 유학을 통한 중동전문가 양성과정에 합격을 했다. 정말 기쁜 상황임에도 기쁨은 비공개적 장소에서 표현해야 했다. 조직 내에서의 '누구는 밤낮없이 일하는데, 누구는 놀러 다닐 궁리만 하고 있다.'란 인식이 팽배하고 그런 의미가 담긴 말들을 자주 들었기 때문이었다. 기쁨은 조용히 집에서 가족들과 함께해야 했다. 기쁨의 축하보다 시기와 질투로 가시 돋은 말에 상처를 많이 받았기 때문이다.

일례로 해외 유학 면접을 보러 가기 전에 직접 들은 말이다. "떨어져도 너무 절망하지 마라. 해외 유학은 우리를 위해 만든 자리가 아니잖아." 정말 간단하면서도 모든 것이 함축된 말이었다. 물론 이 말을 한 동기는 나와는 다른 출신 장교로 그 또한 조직생활 하면서 정말 많이 느낀 것 같았다. 비록 육군에 있는 모든 것이 날 위한 것이 아닐지 모르겠지만 '중동에 관련해서는 모든 것이 날 위한 것이다.'란 생각을 계속하며 면접을 보러 갔었다.

합격 발표와 함께 나의 삶은 완전히 해외 교육에만 맞춰졌다. 지금까지 혹시 몰라 붙잡고 있던 포병으로서의 모든 것을 그 순간부터는 전혀 업데이트하지 않았다. 대학원 입학을 위해선 5개월 내 토플 성적을 받아야 했고 해외 교육 과정에 선발된 후 대학원 입학증을 받지 못하면 사실 내 커리어는 끝이었다. 그렇지만 포병학교 성적이 좋지 못하다고 커리어가 끝나거나 성적이 좋다고 좋은 커리어를 만드는 것은 아니었다. 포대장이 아닌 토플 성적에 초점을 왜 맞춰야 하는지에 대한 이유는 아주 명확했다.

출근해서 하루 종일 토플 공부에 전념했다. 짧은 기간에 합격 점수를 받기 위해선 다른 방법이 없었다. 상대적으로 포병학교의 성적은 조금씩 떨어지기 시작했고 담당 교관과 면담을 하게 되었다. 현재 해외 석사과정 합격을 위한 토플 공부가 가장 중요하다고 설명을 드렸고 "후회하지 않을 자신 있냐?"는 질문에 "외국에 공부하러 가지 못하면 후회할 겁니다."라고 답변을 하고 사무실을 나왔다. 그 후 11월 말까지 출근해선 토플 자습, 퇴근 후 인강 시청, 주말엔 서울로 토플학원에 다니며 공부를 했고 다행히 12월에 이집트 석사과정 지원을 위한 최소 점수를 받을 수 있었다.

양손 가득 무엇인가를 쥐고 있다면 더 이상 그 손으로 다른 것을 쥘 수 없다. 만약 다른 무엇인가를 쥐고 싶다면 양손에 쥐고 있는 것 중 한 손을 비워야 한다. 만약 하고 싶은 것을 꼭 해야 한다면 비록 손에 쥐고 있는 것이 중요한 것이라도 버릴 줄 알아야 한다. 나에게 정말 후회할 거라고 말했던 동료들 중 대부분은 그들이 그렇게 확신했던 미래를 만나지 못했다. 아무리 바보 같아도 더 필요한 것을 위해서 손에 쥔 것을 놓을 줄도 알아야 한다.

모로 가도 서울만 가면 된다는 말이 있다. 무슨 수단과 방법을 이용해서라도 목적만 이루면 된다는 말이다. 물론 불법적인 방법을 동원해 결과를 이뤄냈다고 과정이 용서받는다는 말을 의미하지 않는다. 내가 원하는 결과를 얻기 위한 과정에서 손해를 보는 것 정도는 인내해야 한다는 말이다. 개구리가 도약 전에 몸을 최대한 웅크리는 것처럼 더 높고 더 멀리 뛰기 위한 사전 준비를 철저히 해둬야 한다. 비록 개구리가 도약할 것인지 그 누구도 모른다고 해도 말이다.

인내하라, 경험하라, 조심하라,
그리고 희망을 가져라.
탈무드

동료들의 의견이 나의 답은 아니다.

"사촌이 땅을 사면 배가 아프다." 어릴 때부터 많이 들어본 속담으로 남이 잘되는 꼴을 못 보고 질투하며 시기하는 것을 의미하는 말이다. 어릴 땐 자신보다 성적이나 인기가 더 좋은 친구들에게서 종종 느낄 수 있다. 반면에 어른이 되어선 직장 내 유능한 동료 앞에서 심리적으로 위축되는 경우에도 이 속담을 적용할 수 있다. 단순한 심리적 위축은 같이 일하다 보면 생길 수 있고 또 종종 이런 위축은 자신에게 동기부여가 되기도 한다. 그렇지만 보통은 질투를 넘어 시기가 되고, 그 시기는 상대방을 위하는 척 가장되어 전달되기도 한다.

보통 살다보면 '다름'을 '틀림'으로 받아들이는 사람들이 많다. 다름은 다른 것과 구별되는 점, 즉 차이를 말하고 틀림은 바른 점에서 어긋남, 즉 맞지 않는다는 것을 의미하는 데도 말이다. 특히, 공장의 생산라인처럼 모든 것이 일괄적으로 적용되는 환경에서는 다름은 틀림처럼 보일 수 있다. 그것은 무엇인가가 정말 틀렸다기보다는 하나만 눈에 띄게 다르다 보니 성가시기도 하고 일괄적인 통제가 쉽지 않아 그럴 것이다. 그렇다고 다름과 틀림이 같은 뜻일 순 없다.

명령체계에 의해 일사불란하게 업무가 진행되는 조직에서는 상명하복이 가장 기본적인 원칙이다. 정해진 업무를 가장 신속하고 효과적으로 일하기 위해 필요한 방법이기도 하다. 끝내야 할 정해진 양이 있는 경우에는 중간에 발견된 다른 의견은 업무의 빠른 처리를 방해하는 요소로 보일 수 있다. 다른 의견을 제기한 사람을 제외하곤 나머지는 전혀 상관이 없는 경우가 많기 때문이다.

일반적인 부대 생활을 생각해 보면 대부분은 하루, 주간, 분기, 반기, 연간 같은 정해진 패턴을 반복하며 살아간다. 짧게는 수년에서 길게는 수십 년까지 같거나 비슷한 일을 하면서 말이다. 물론 이런 업무 패턴의 결과는 결국 그 분야 전문가를 만드는 것이기 때문에 잘못되었다고 말하고 싶지 않다. 다만 그런 반복적인 패턴이 나와는 맞지 않다고 생각하는 것일 뿐이다.

반복적인 삶보다는 진취적이고 도전적인 삶을 살고 싶은 개인적인 성향을 폐쇄적이고 복종적인 군 조직에서도 버릴 수 없었다. 어떻게든 다르게 살아야 한다고 각오하고 다짐했다. 아무리 군인이라고 해도 주체할 수 없는 호기심과 성취감을 버릴 수 없었다. 주변 동료들의 각 가지 회유와 부정적인 말에도 흔들리지 않고 세웠던 계획을 위해 기다리고 도전했다. 그들의 회유나 부정적인 말이 후에 내 인생을 돌아보면 맞았다고 할 수 있겠지만 반대로 틀릴 수도 있다. 단순한 그들의 추측

만으로 내 인생을 낭비할 순 없었다.

이유가 무엇인지 정확히 알 순 없지만 내가 해외 유학을 간다고 했을 때 주변 동료들의 반응은 부정적이었다. "그래, 네가 전문가니까 당연히 네가 가야지"라고 말하는 사람을 그것도 야전부대에서 만나는 것은 거의 불가능이었다. 그들이 이런 말을 하는 이유는 의외로 간단했다. 나의 미래를 걱정해서 하는 말은 전혀 아니다. 본인들의 미래도 불투명해 알지 못하는 상황에서 누구의 미래를 걱정하거나 밝은 길을 안내해줄 여력이 되지 못한다.

다행히 인적 요소의 공백이 발생하지 않는다면 문제는 생각보다 간단할 수 있다. 부대 입장에서는 떠나게 되는 사람으로 인해 남은 사람들의 업무량 증대가 가장 큰 관건이 된다. 혹시 후임자 없이 떠날 경우 발생하는 당직과 파견의 증가를 가장 먼저 생각하게 된다. 물론 이러한 생각은 아주 자연스러운 것이라 생각한다. 본인에게 돌아올 피해를 먼저 생각하는 건 당연하고 솔직한 것이기 때문이다.

문제는 인간적으로 생각할 수 있는 이런 단순한 것이 아니다. 마치 새로운 것을 도전하고자 하는 사람이 그 도전을 시도조차 못하고 포기하게 하는 동료들이 있다. 즉, 내가 하는 도전은 그저 희망사항일 뿐이고 결국 자신의 조언을 듣지 않은 것을 후회하게 될 것이라고 말하는 사람들 말이다. 물론 이런 조언이 상황에 따라선 큰 도움이 될 수 있다. 만약 내가 도전하려고 한 것을 먼저 해본 경험이 있다거나 도전 과정에서 마음이 바뀌어 포기했을 경우에는 가능하다. 같은 고민과 과정을 거쳤던 선배들의 직접적인 경험은 당연히 중요한 조언이다.

큰 결심과 도전을 앞둔 나에게 술과 밥을 사주며 피와 살이 되는 조언을 해준다고 하는 사람들은 사실 그럴 능력이 없는 사람들이 더 많다. 나와 같은 고민과 나와 같은 도전을 해보지도 않았고 앞으로도 절대 할 일이 없는 사람들이기 대부분이기 때문이다. 당장 나의 부재가 본인에게 직접적인 영향을 미치기 때문에 조언이란 이름으로 나의 도전 의지를 꺾어 보려 하는 것이다. 지금까지 나랑 같이 근무하며 내게 조언해준 많은 동료 중 도전이 성공할 수 있도록 노하우를 주거나 사람을 소개해준 사람은 오로지 두 명뿐이었다.

우리는 중요한 결정을 할 때 누군가의 도움을 받고자 한다. 잘하고 있는지, 잘 가고 있는지에 대한 확신을 갖고 싶기 때문이다. 가족이나 친구들은 직접적인 이익 집단이 아니라 비전문적이겠지만 도움이 되는 조언을 해줄 가능성은 있다고 본다. 반면 같이 정해진 일을 끝내야 하는 조직 내에서 나의 부재는 다른 누군가의 업무량을 증가시키는 요소가 될 수 있다. 그러한 상황에서 조언을 요청했을 때 올바른 조언이 나에게 도달할 수 없다. 만약 관련 경험자가 아니라면 더욱더 그럴 것이다.

큰 결심을 하고 도전을 앞둔 사람이라면 동료들로부터 진심 어린 충고를 기대하지 말자. 그것은 서로를 위해 좋을 수 있다. 동료들의 의견을 단순히 참고만 할 순 있겠지만 큰 도움을 바라지 않는다면 인적 재산 정도는 유지할 수 있을 거란 생각이 든다. 만약 회사를 떠나더라도 마음의 상처는 갖고 가지 않을 테니까 말이다.

2004년 이라크 파병 갈 때 있었던 일이다. 운이 좋아 1년 선배들과 나란히 전포대장이란 재밌고 유리한 타이틀의 일을 하게 되었다. 비록 훈련이 많고 퇴근이 늦어도 재밌었고 보람이 있었다. 이라크 파병을 결심하며 국방어학원에서 교육을 받으면서도 정말 자주 부대로 전화했다. 교육이 종료 돼 봐야 파병을 가게 될지 복귀하게 될지 결정이 나기 때문에 내 입장이 애매했다. 내가 담당하고 있던 포대 작전과 병력관리란 업무를 아무런 대타도 없이 파견 오게 되어 미안함을 많이 느끼고 있었기 때문이었다.

대대 인사과장과 당시 포대장은 '돌아올 때까지 너 자리는 비워 둘 테니 이라크 가지 말고 빨리 복귀해라, 훈련 일정이 다가온다.'며 여전히 부대의 일원인 것처럼 대해줬다. 2주 정도 지난 뒤에 한 명의 포반장이 내게 전화를 했다. 이미 전포대장 취임식을 했고 난 돌아와도 하던 업무를 할 수 없고 여기저기 파견만 다녀야 할 것 같다고 말이다. 사실 예상은 했지만 기분이 좋진 않았다. 나와 통화하며 했던 모든 말들은 그냥 립서비스였다는 것을 다시 한번 몸소 느낀 계기가 되었다.

결국 이라크 파병이 최종적으로 결정되면서 부대에 있는 내 짐도 찾고 전출 인사도 하러 가야 했다. 짧은 파견이었지만 돌아간 부대에서 난 완전 이방인이었다. 전출 명령까지 난 나는 더 이상 그 부대원이 아니었다. 그전까지 조언이라고 날 위한 것이라고 말하던 사람들은 더 이상 없었다. 교통편이 마땅히 없던 동네라 나는 어머니 차로 같이 갔다. 아침 8시에 신고를 하고 떠나라는 인사과장의 전화를 받고 파주까지 약속 시간보다 일찍 갔지만 결국 점심을 먹고 오후가 되어서야 그 부대를 떠날 수 있었다. 어머니는 5시간 이상을 차에서 기다리셔야 했다.

신고를 받겠다고 했던 대대장이 아침에 신고를 받아주지 않았다. 몸이 좋지 않다는 이유로 본인의 사무실에서 쉬고 있었기 때문이었다. 어이가 없었지만 별다른 대안이 없었다. 오후에 만난 대대장이 내게 한 말은 더 가관이었다. '본인은 이라크 파병 지원을 해서 떨어졌는데, 넌 붙어서 일부러 신고를 늦게 받은 거라고' 말했다. 신고를 마치고 나오면서 더 이상 이 부대에 있고 싶지 않아 그길로 아무도 만나지 않고 어머니와 부대를 떠났다.

물론 이 정도까지 경험을 가진 사람들이 생각보다 많지 않을 것이다. 보통 사람들은 본인의 도전 앞에 도사리고 있는 많은 한계와 방해물을 넘지 못하기 때문일 것이다. 지금 내 앞에 있는 사람이 언젠간 나에게 득이 될 것이라는 생각을 한다면 쉽사리 그 방해물을 넘을 수 없다. 한 가지 확실한 것은 현재도 큰 도움이나 믿음을 주지 못한다면 미래에도 큰 기대를 할 사람은 아니라는 것이다. 사실 동료들은 본인의 삶을 살기 바빠서 내 입장까지 생각하고 진심어린 조언해줄 여력이 없다.

포대장 때 작전과장은 남들과 다르게 업무를 수행하려는 나에게 항상 이렇게 말했다. "너도 과장할 때 딱 너 같은 포대장 만나서 고생 좀 해봐야 한다."라고 말이다. 그땐 그러겠다고 말했지만 사실 난 작전과장을 할 생각이 없어 결국 하지 않았다. 10년 만에 만난 그 과장은 나에게 이런 말을 했다. "전역하고선 군과는 완전히 동떨어진 삶을 살고 싶었는데, 사실 해본 게 없어 그렇게 살 수 없어 씁쓸하다."고 말이다. 그때 자신의 의견이 정답인 듯 나를 몰아세우던 과장의 말을 진심으로 듣지 않는 내가 대견했다. 그날따라 "미래를 아는 사람은 없으니, 그저 너 자신을 위한 길을 묵묵히 개척해 나가!"라고 말 해준 석사과정을 함께한 영국인 친구가 생각난다.

주위의 비난에 흔들리지 말고
묵묵히 나아가라.
마크 주커버그

3장

도전

나만의 에베레스트에
올라서라.

나를 계획에 맞추기보다 계획에 나를 맞춰라.

사단 교육장교는 모든 부대가 효율적이고 효과적인 훈련을 할 수 있도록 돕는 역할을 한다. 연간, 분기, 월간 등 훈련을 계획하고 주간 단위로 최신화해 최적의 훈련 상황과 조건을 유지하려 노력한다. 물론 항상 좋은 날씨에 훈련하면 좋겠지만 인간의 노력으로 되지 않는 기상은 언제나 변수로 작용한다. 그렇다고 훈련을 하지 않을 수가 없어 군인은 '우천 시 계획' 이나 '후보 계획', 즉 'Plan B'를 언제나 갖고 있다. 시기와 상황에 맞게 반드시 해야 하는 훈련을 기상이라는 변수로 그냥 넘긴다는 것은 있을 수 없는 일이기 때문이다.

물 흐르듯이 계획대로 진행된다면 얼마나 좋을까? 그렇기만 하다면 우리의 인생은 항상 즐거움과 만족감으로 넘쳐날 것이다. 사실 우리가 고민해서 만들었던 계획들은 시간이 지나고 상황이 변해가면서 길을 잃을 때가 있다. 물론 흔들림 없이 앞을 향해 달려가는 계획만 있다면 길을 잃거나 방황할 필요가 없을 것이다. 단기간의 목표를 달성하기 위한 계획은 상대적으로 수정될 가능성이 적다. 가령 2달 뒤의 중간고사에서 성적을 향상한다거나 다음 달 시합에서 우승을 차지하겠다는 가까운 미래에 발생할 계획들 말이다. 반면에 몇 년을 준비해서 성취해야 하는 목표에 대해서는 시간이 흘러감에 따라 관련 정책이나 방법 등 주변의 상황에 의한 조정이 불가피할 수 있다.

모든 계획은 변수가 있고 그 변수를 반영해서 수정되기 마련이다. 만약 그러한 변수를 적용해서 계획을 업데이트하지 않는다는 것은 계획 실현의 의지가 없다고 보는 게 맞다. 목표를 달성하고 싶지만 추적관리를 하지 않는다는 것은 그만큼 열과 성을 다해 얻고자 하는 목표가 아니라는 말이다. 정말 원하는 것이라면 바뀌는 조건 하나, 변하는 분위기 하나 놓치지 않고 성취에 유리한 상황을 조성하기 위해 최선을 다할 것이다.

처음에 생각했던 계획이 여러 가지 상황에 의해 조정이 되었다면 바뀐 상황에 맞춰 나의 준비도 바뀌어야 한다. 목표를 정해서 내가 달려가는 것이지 목표로 향하는 준비과정을 즐기는 것은 아니다. 수정되거나 조정된 계획에 나의 준비를 맞춰 묵묵히 앞만 보고 향해야 한다. 나와 경쟁하는 사람들 또한 바뀐 환경에 적응하고 목표에 가장 먼저 도달하고 싶은 사람들이지 변경된 환경에 대해 옳고 그름을 따지거나 불만을 토로하는 사람들이 아니다.

이라크에서 장기복무가 확정되고 이집트에서 석사과정을 하게 되면서 계획 당시에는 미처 몰랐던 생각을 하게 되었다. 육군에서 교육을 받게 되면 교육 기간과 장소에 따라 근무기한이 연장된다. 국내 교육 시 교육 기간만큼을 해외에서 교육받으면 교육 기간의 2배에 해당하는 기간을 의무적으로 추가 근무하며 육군에서 정해준 부서에서 정해진 기간을 일 해야 한다. 반대로 얘기해 보면 오랫동안 근무하고 싶으면 교육의 기회를 잡으면 되고 특정 부서에서 근무하고 싶으면 그 부서에서 필요한 교육을 받으면 된다는 것이기도 했다.

계획을 실행한다는 행위에 대해선 큰 변동사항이 없지만, 그 과정을 거쳐 결과로 가는 것이 아닌 결과를 위해 만들어진 과정에 합류하겠다는 말이다. 즉, 목적을 달성하기 위해 내가 세운 계획보다 더 달성 확률이 높은 조정된 계획을 따르겠다는 것이다. 원하는 목적지에 가기 위해선 유연한 사고를 갖고 계획으로 가는 과정을 엄밀히 따져 볼 필요가 있다. 만약 처음에 생각했던 것보다 더 쉽거나 더 효율적인 방법을 발견한다면 망설이지 말고 새로운 계획에 몸을 맡겨 전진해야 한다. 우리는 모로 가도 서울만 가면 되니까 말이다.

난 20년 이상 근무할 것을 처음부터 목표로 정했고 그때쯤엔 서울 국방부나 합참에서 근무하고 싶었다. 보통 우리가 군대나 부대라고 하면 tvN의 〈푸른거탑〉 이라는 드라마를 생각하는데 그 이유는 거의 모든 군인은 그렇게 군 복무를 하고 전역하기 때문일 것이다. 군 생활 간 남들과 달리 쉽게 가지 못하는 최고의 부대에서 근무하는 것 또한 나의 목표였다. 물론 그렇게 노력해서 결국 4년간 서울에서의 근무를 성공적으로 마쳤다.

20년이라는 기간 동안 남기위해 혼자 부단히 노력한다는 게 사실상 쉽지 않다. 좋은 자리에서 나를 챙겨주는 사람들과 일을 해도 될까 말까하기 때문이다. 사실 파주 첫 부대에서 경험했던 것처럼 나를 도와주는 사람 없이 오로지 혼자 힘으로 해내야 한다는 게 사실상 힘들었다. 다행인 것은 중동지역전문가가 되기 위해 석사과정 3년을 마치고 귀국하면 자연스럽게 6년이라는 복무기간이 늘어났다. 장기복무 10년에서 시작해 해외 유학을 4년을 받은 나는 총 8년의 의무근무 기간을 추가로 만들 수 있었다.

국방부와 합참 같은 전략부서에서 근무하기 위해선 실력보단 나를 잘 끌어다 자리에 앉혀줄 사람의 절실히 필요하다. 결국은 성공해서 4년간 근무했지만, 처음에는 내 특기와 관련된 자리에도 갈 수 없었다. 이미 학연에 의해 특기와 상관없는 사람들로 그 자리가 채워졌기 때문이었다. 그래서 좀 더 확실한 방법이 필요했다. 내가 계획했던 해외 지휘참모대학(지참대) 과정에 대해 자세히 알아보니 이 과정을 요청한 부서가 합참이었다. 지참대 과정을 졸업한 사람을 연합 및 합동작전을 주로 하는 부서에서 활용하기 위해 만든 과정이란 것을 알게 된 것이다. '지참대를 통해서 국방부나 합참을 가려고 한 내 계획'을 '합참을 가기 위해 지참대를 가는 것'으로 조정해도 무방했다.

물론 해외 유학은 군에서 근무하기 전부터 세운 계획이다. 여러 가지 자료를 통해 가는 길을 정했던 것이었지만 막상 현장에 들어와 관련 법규나 규정 등을 확인하니 조정이 필요했다. 그렇다고 계획의 뿌리를 바꿀 필요는 없었고 대신 생각의 폭은 넓혀야 했다. '하나는 언자'

란 생각에서 '하나 이상 더 얻자'로 바뀐 것뿐이었다. 물론 이런 생각들이 현실이 된다면 더 이상 눈치 볼 필요 없이 20년 간 근무할 수 있다. 게다가 비록 어떤 장교들에겐 아주 쉽게 와서 일하는 서울이지만 나와 내 동기들은 쉽게 경험하기 어려운 정책부서에서 근무하는 기회를 줄 수도 있다. 누구는 쉽고 누구는 어렵다고 불만을 토로할 시간에 어떻게 갈 수 있는지에 집중하는 것이 훨씬 현명한 방법이다.

군에서 하는 '후보 계획'은 사실 번거롭고 귀찮지만 실제로 그런 상황이 발생했을 땐 정말 요긴하게 사용할 수 있다. 군 복무 간 경험했던 교육장교라는 경험 덕에 지금도 어떤 일을 할 때 하나의 계획만을 세우지 않는다. 메인, 예비1, 예비2 등 최소 세 개 이상의 계획을 짜는 것이 버릇이되었다. 메인 계획이 틀어진다고 해도 당황하거나 두려워할 필요가 없다. 구체적 구상과 경험을 통해 계획했다면 예비 계획에 맞춰 상황을 잘 해결 할 수 있다. 주머니에 계획이 많은 사람은 위기가 닥쳤을 때 당황하거나 두려워하지 않는다. 대처할 방법이 주머니 속에 많아 여유롭기 때문이다.

능력 있다는 말을 많이 듣는 사람들의 특징은 목표 달성을 위해 쉽게 과정을 조정할 줄 안다는 것이다. 바뀐 규정이나 방침 등을 적극적으로 활용해 목표를 이루기 위해 잘 아는 길을 가거나, 때론 새로운 길로 돌아가기도 한다. 목표를 향한 계획이 사라진 게 아니라면 맞지 않다고 불평할 필요 없이 있는 계획에 맞게 나를 바꿔야 한다. 어차피 내가 가야 할 목적지는 바뀌지 않고 그대로 있으니까 말이다.

주어진 삶에 적응하라.

적응한 자만이 살아남는다.

빌 게이츠

도박과 도전은 한 끗 차이다.

《부자 아빠 가난한 아빠2》에서 작가는 부자가 되기 위해선 사업과 투자가 필수라고 말한다. 직장인이나 자영업자는 '대규모 사업가'와 '돈이 돈을 버는 투자가'에 비해 많은 돈을 벌기엔 한계가 있으니까 말이다. 그렇다고 반대로 사업과 투자를 한다고 해서 모든 사람이 부자가 되는 것은 아니다. 부자가 되기 위한 가능성이 높다는 것이지 그에 따른 리스크가 전혀 없다는 말이 아니라는 것이다. 우리가 도전하는 모든 것에는 리스크가 동반된다는 것을 알아야 한다. 그저, 리스크가 두려워 아무것도 못 하는 것이지 부자가 되는 방법을 모르는 것은 아니라는 것이다.

어떻게 보면 우린 공짜를 좋아하는 것일 수 있다. '노력은 하지 않고 좋은 결과'를 얻으려 한다거나 '투자를 하지 않고 많은 돈'을 벌고자 하는 마음 말이다. 만약 이렇게 얻을 수 있다면 어느 누구도 마다하지 않을 것이다. 쉽게 얻을 방법이 있는데 굳이 어렵게 얻고 싶은 사람은 세상에 없다. 도전이란 것은 어떤 결과를 얻어낼 줄 아무도 모르기 때문에 어려운 것이라 생각한다.

우린 '모 아니면 도'란 말을 자주 듣는다. 무슨 일을 함에 있어 확실하지 않을 때 자주 쓰는 표현이지만 사실은 모가 되기를 바랄 때 많이 쓴다. 나는 이 말을 정말 좋아한다. 내가 새로운 것을 계획하고 도전할 때마다 항상 가슴에 품었던 말이기 때문이다. 사람에 따라선 '그냥 될 대로 되라'라는 말로 이해되는 사람도 있을 것이다. 사실 나는 도전과 도박은 그리 큰 차이가 없다는 것을 깨달았다.

도전이란 말은 '어려운 사업이나 기록 경신 따위에서 맞섬을 비유적으로 이르는 말'이라고 네이버 사전에 정의되어 있다. 반면 도박은 '요행수를 바라고 불가능하거나 위험한 일에 손을 대는 것'이라고 정의하고 있다. 도전은 어려운 것과 도박은 불가능하고 위험한 것과 관련해서 설명하고 있다. 두 단어의 공통적인 키워드는 이뤄내기 어렵거나 불가능한 것을 시도하는 것이라고 볼 수 있다.

개인적으로 도전과 도박은 비슷한 습성을 갖고 있다고 생각한다. 우리가 얻고자 하는 것을 목표로 삼고 반드시 얻기 위해 도전하겠지만 그 결과를 그 누구도 장담할 수 없다. 때론 긍정적인 결과도 부정적인 결과도 나올 수 있는 가능성이 있다는 것이다. 한편으론 성공적인 결과를 얻어 계획했던 모든 것을 얻을 수 있는 성공을 맛 볼 수 있다. 반면에 다른 한편으론 실패를 맞이해 인생이 흔들리거나 재기가 불가능할 수 있다는 것이다. 이럴 땐 과연 이것을 도전이라고만 할 수 있을지

의문이 든다.

2007년 드디어 내 꿈을 실현하기 위해 이집트 카이로행 비행기를 탔다. 대학 때부터 공부하고 싶어 했지만 학비가 비싸 엄두도 내기 힘들었던 정말 다니고 싶었던 학교였다. 계획을 하고 현실로 이뤄지기까지 6년이라는 시간이 걸렸지만, 카이로행 비행기 안에서는 세상 그 어떤 것보다 행복함이 가득했다. 물론 그 행복함이 석사과정이라는 현실에서 그리 오래 가지 못해 아쉬웠지만, 아직도 행복했던 기억이 선명하게 남아있다.

석사과정 첫 학기가 종료되고 난 처음으로 질문에 빠졌다. “이거 도전인가? 도박인가?”라는 답을 알 수 없는 생각에 빠져버린 것이다. 도전이라고 100% 확신하고 먼 나라까지 와서 그것도 2개의 외국어를 모두 사용하여 정말 어렵게 공부를 하고 있었지만, 곧 생각이 변하기 시작했다. 도전이라 생각해 스스로 고생하고 있는데 부정적인 생각이 떠나질 않았다. 바로 언어적 문제로 인한 실패에 관한 걱정이었다. 카이로에 있는 미국학교라 대부분의 교수가 영어권 국가 출신이고 전 과정이 영어로 진행되었다. 특히, 중동지역학 전공자들은 아랍어 능력 또한 수준이 높아야 졸업할 수 있다 보니 더욱 걱정이 앞섰다. 내가 한국에서 배운 영어는 더 이상 도움이 되지 않았고 끝없이 반복되는 각종 페이퍼들로 인해 자신감은 떨어져 갔다.

자연스럽게 실패에 대한 생각이 들지 않을 수 없었고 그에 따라 ‘도전이 아닌 도박일 수도 있겠다.’라는 생각에 빠져들게 되었다. 성공적으로 이 과정을 끝낸다면 도전의 역사를 쓰겠지만 실패했을 때 내가 감당해야 할 것은 바로 직업을 바꿔야 하는 것이었다. 주어진 임무를 성공하지 못했을 때 그 결과를 당연히 받아들이고 이직을 해야 한다는 생각이 들었다. 그것은 지금까지 도전이라 생각했던 일을 도박일 수도 있다고 인정하는 것이었다. 졸업이라는 큰 산만 보고 직진한다면 넘지 못했을 수 있다. 산이 높아 힘들기도 하겠지만 앞에 보이는 먼 거리를 보며 스스로가 미리 지칠 수도 있기 때문이다. 바로 앞 작은 언덕만 바라보면서 장애물을 넘다 보면 어느 순간 또 산 정상에 서 있는 내 자신을 바라보게 될 것이다. 이미 난 영천에서 바로 앞의 목표만 따라가다 목적지에 도달한 경험이 있었다.

도전과 도박은 별다른 차이가 없을 수 있다. 성공적으로 마무리 짓고 웃으며 과거를 회상하고 자랑할 수 있다면 성공일 것이다. 반면에 도전의 결과가 실패로 종료되어 지금의 커리어가 끝나 다른 일을 찾게 될 때 그 도전 자체는 도박이 되고 말 것이다. 지금 여기서 도전과 도박의 부정적인 면을 말하기 위함이 아니다. 도전이라는 행동에 성공으로 끝날 가능성과 실패로 끝날 가능성 둘 다 반드시 존재한다는 것이다. 더불어 위험이라는 리스크도 성공과 실패 사이에 반드시 존재하는 즉, 리스크 관리까지도 도전의 일부라는 것이다. 성공적인 리스크 관리는 성공을, 그렇지 못했을 땐 실패를 만나게 된다는 것이다.

2021년 〈정보통신정책연구원〉이 실시한 벤처기업 조사에 따르면 벤처기업 폐업률이 9.1%라고 한다. 각자의 꿈과 계획을 갖고 성공을 향해 도전하지만 100명 중 9명은 실패로 끝난다는 말이다. 대다수인

91명은 도전의 결과를 성공이라 기억하겠지만 다른 9명은 도전의 결과를 도박이라고 말할 수 있다는 것이다. 어떤 결과에 도달했는지에 따라 도전도 그리고 도박도 될 수가 있다. 도전함에 있어 어느 정도의 리스크는 반드시 존재하며 그 리스크 관리를 잘 해낼 때 우린 웃으며 도전의 결과를 받아들일 수 있을 것이다.

가장 안타까운 것은 도전을 도박으로 스스로가 정하고 그 어떤 시도조차 안 한다는 것이다. 여러 가지 이유가 있겠지만 우린 살면서 복종하고 순응하도록 제도권 교육을 받아 왔다는 게 가장 큰 이유라고 생각한다. 최소 12년 이상 학교를 다니며 배우고 체득한 것은 뭐든지 할 수 있다는 자신감과 도전정신보단 이것은 이래서, 저것은 저래서 하지 말라는 것뿐이었다. 그 결과 혹시 내가 남들과 다른 길을 간다고 조금이라도 생각이 들게 되면 스스로가 불안하고 두려움을 느끼게 되었다. 물론 그것은 내가 무능해서가 아닌 많은 사람들이 걸어간 길에서 벗어나 있음에서 오는 스스로가 갖는 불안과 두려운 감정일 것이다.

도전과 도박은 성공 여부에 따라 나뉘는 비슷한 면을 갖고 있다고 생각하지만, 대부분은 도전은 도박이라고 단순하게 취급하는 경향이 있다. 그것은 남들과 같이 정해진 길을 따라감에서 오는 심적 안정감에서 오는 생각이다. 어렵고 힘들게 때론 위험하게 새로운 길을 개척해 나가는 것보다 이미 선례가 남아 편안하고 안정적인 길을 따라가려는 소극적인 삶의 자세 말이다. 삶에 지쳐 소극적으로 사는 것도 때론 답일 때도 있을 것이다. 그래도 한 가지 확실한 것은 '지금 하고 있는 일은 당신이 아닌 누구라도 할 수 있는 일'임을 명심해야 한다. 언제든 도전을 해야 한다면 이 사실을 깨닫기 전에 하는 게 상처도 덜 받고 성공의 확률도 높이는 방법이 될 것이다.

카이로에서의 석사과정을 통해 도전과 도박의 이중성에 대해 알게 되었다. 매 순간마다 찾아온 위기는 나를 성공으로도 때론 실패로도 이끌고 갈 수 있었다. 지금 생각해 보면 중요한 것은 그 위기를 어떻게 극복하느냐는 것이다. 그 결과에 따라 성공적인 도전으로 끝낼 것인지 아니면 실패로 인한 도박으로 끝낼 것인지가 결정되기 때문이다. 도전 자체가 독박일 거라는 일반적인 생각을 버리자. 그보다는 어떻게 현명하고 지혜롭게 내가 마주한 리스크를 극복할 것인지에 초점을 맞춰보자. 영어 실력이 부족하다면 영어 공부를 더 열심히 해야지, 학업을 포기한다는 것은 있을 수 없다.

> 당신이 볼 수 있는 만큼 가라. 거기에 도달하면 당신은
> 더 멀리 볼 수 있을 것이다.
>
> JP 모건

자기관리는
장기 레이스의 필수다.

직업 특성상 "정말 체력은 국력인가요?" 란 질문을 자주 받는다. 많은 사람들에게 이 말을 들어왔고 나 또한 자주 사용하고 있다. 사실 우리는 '건강해야 하고자 하는 일을 이룰 수 있다'고 말할 때 이 말을 자주 사용한다. 우리가 직장에서 일을 하든, 좋아하는 취미생활을 하든 그 과정과 결과가 몸의 상태와 직결된다고 굳게 믿기 때문이다. 즉 육체적 건강함은 정신적 추진력을 이끌어 내는 가장 중요한 요소라 할 수 있다. 이런 이유로 많은 사람들이 "건강한 신체에 건강한 정신이 깃든다."라는 말을 믿고 자주 사용한다.

인생은 단거리 스포츠가 아니다. 물론 단기적으로 이뤄낼 수 있는 요소들이 없는 것은 아니지만 그것은 단기간의 달성 과제정도로 해야 할 것이다. 장·단거리를 떠나 도전을 성취하기 위해선 많은 체력이 필요한 것은 사실이다. 비록 사용하는 근육과 집중해야 하는 순간의 차이가 있을 뿐 필요한 체력이나 정신력은 반드시 존재한다. 인생이라는 20~30년의 장기적인 도전 속에서 성공적인 질주를 위한 자기관리는 필수를 넘어 의무일 수 있다.

장기적으로 버틸 힘이 없다면 기회를 잡았다고 해도 시도하거나 성취할 가능성이 낮다. 그러므로 계획에 맞는 자기관리를 반드시 해야 한다. 당장 당면한 도전 시간이 3년이라면 그 기간 동안 효과적으로 사용할 자신의 신체적 건강함과 정신적 강인함이 바닥나지 않도록 노력해야 한다. 과한 열정으로 초반에 많은 에너지를 소진할 경우 조기에 번 아웃되어 성공적인 도전이 되지 않는다. 내가 펼칠 레이스에 맞춰 적정한 시간을 배분하고 그에 맞는 세부 계획을 실행해야 조기에 바닥나지 않는 체력과 정신력을 갖게 된다. 적절하지 못한 자기관리는 결국 도전 실패와 자연스럽게 연결되기 때문에 과소평가하면 안 된다.

열정을 갖고 시작한 해외석사과정은 많은 것을 안겨줬다. 구체적인 계획과 실행을 통해 도전의 자신감을 갖고 있었지만 그 과정은 사실 쉽지 않았다. 아니, 정말 힘들어 죽을 지경이었다. 내가 자신했던 모든 것이 한 번에 사라졌고 모든 것을 새롭게 해야 했다. 외고와 외대를 통해 자신 있다고 생각했던 영어는 그저 콩글리시에 지나지 않는 느낌이었다. 미국 교수와 영어권 친구들과의 학교 수업시간은 실제 많은 괴리감을 안겨줬다.

영어로 말했지만 교수와 친구들은 잘 이해하지 못했고 영어로 작성한 내 페이퍼 내용에는 항상 물음표 마크가 함께했다. '영어로 작성했고 문법도 완벽한데... 무슨 뜻인지 모르겠어...'라는 말을 교수에게서 매주 들었다. 처음엔 이해하기 힘들었고 헤쳐 나갈 방법도 마땅히 떠오르지 않았다. 영어가 맞는데 이해가 안 된다는 것이 도대체 무슨 뜻인지 알 리가 없었다. 시간이 흘러가며 조금씩 이해하기 시작했다. 나는 알파벳을 사용하여 영어로 글을 쓰지만 한국어로 하는 생각들을 그냥 영어로 옮기고 있는 것이었다. 그렇다고 포기할 순 없었다. 어차피 미국 사람도 아니니 방법을 찾고 시도해서 내 앞에 닥친 위기를 넘어가야만 했다.

영어식 표현을 사용해야 했지만 나의 의견이나 생각을 전달해야 하는 페이퍼에서는 한국식 생각을 영어 단어로 작성해서 제출만 하고 있었다. 그때부터 결심했다. 총 6개 학기 내 논문을 써야 하는 상황에서 완벽하게 영어로 논문을 쓸 수 있는 법은 나의 영어를 과감히 버리고 처음부터 새롭게 받아들이자고 말이다. 120장 정도의 논문을 쓰기 위해선 당시 내가 갖고 있는 여러 궁금증을 풀고 써야 하는 제일 중요한 도구는 영어였다. 그렇다고 누가 옆에 딱 붙어 내 수업과 논문작성을 하나하나 가르쳐 줄 사람도 없었다. 3년이라는 긴 시간 동안 지치지 않게 조금씩 극복하여 반드시 논문을 완성해야 했다.

첫 학기 한 달 정도 수업이 지나고부터 학교 내의 'Writing Center'라는 곳을 발견했고 그 뒤로 매주 방문했다. 미국이나 영국 대학원생들이 비영어권 친구들의 페이퍼 작성을 도우면서 학교에서 장학금을 받는 시스템이었다. 내가 규칙적으로 작성해서 그곳에서 첨삭을 받는다면 매주 작성해야 하는 페이퍼를 내 수준보다는 한 단계 끌어 올려 제출할 수 있을 거란 생각을 했다. 향후 논문작성을 위해 나도 공부를 하고 페이퍼 작성 점수도 지킬 수 있는 방법이었다.

한 가지 더 원하는 게 있었다. 사실 영어 공부의 최종 목표는 논문 작성이었다. 그래서 이왕이면 나의 글쓰기를 3년간 지속적으로 도와줄 수 있는 친구를 찾고 싶었다. 나의 첫 학기부터 마지막 논문작성까지를 도와줄 수 있다면 논문작성의 심적 불안감을 줄일 수 있으니 말이다. 특히 깊은 생각을 영어로 표현할 때는 어떤 생각으로 그렇게 작성했는지 다른 사람들 보다는 조금 쉽게 이해할 수 있을 거라고 생각했기 때문이었다.

다행히 그런 친구를 찾았고 5개 학기 동안 매주 과목별 수업이 끝나면 다음 날 페이퍼 초안을 작성해서 센터를 방문했다. 친구와 30분 정도 내 페이퍼에 관해 얘기를 나누며 알맞게 작성되지 못한 표현에 대해 첨삭을 받았다. 다음 날 교정 받은 페이퍼를 수정해서 작성하고 그 과목 다음 수업에 제출했다.

조금씩이지만 눈에 보이게 영어 작문 실력은 향상되었다. 5학기가 들어가면서 논문 제안서 작성 후 그 친구에게 갖고 가서 읽어 봐 달라고 얘기를 했다. 그 친구는 다 읽고 나서는 처음에 자기에게 왔을 때보다 영어가 정말 많이 늘었다고 했다. 이젠 손 볼 곳이 많지 않으니 이대로만 논문을 작성한다면 더 이상 센터에는 오지 않아도 될 것 같다고 응원해 줬다.

이 친구의 도움으로 쉽지 않았던 영어로 논문 쓰는 것을 마무리할 수 있었다. 3년이라는 긴 기간 동안 영어 논문을 위해 노력하고 투자했던 그 많은 시간들이 아깝지 않았다. 오히려 큰 힘과 자신감이 되었다. 무엇인가를 이루기 위해선 장기적으로 계획하고 대비해야 한다. 특히 열정만 갖고 실행에 옮기다 장애물에 봉착했을 때 이러한 관리를 통해 넘어서지 못한다면 좌절은 실패를 불러오게 될 것이다

영어 실력 외에도 유학 생활에 큰 불안감을 불러오는 요소는 체력적인 문제였다. 부족한 영어를 극복하기 위해 하루 종일 도서관에서 많은 분량의 책을 읽고 페이퍼를 작성해야 했다. 그러면서 하루하루 지쳤고 도서관에서 밖을 바라보며 점점 우울해지기 시작했다. "아마도 학위를 못 따서 갈 수 있을 것 같은데..."라는 생각이 들기 시작했을 무렵부터였다. 돌파구가 필요했다. 넘어야 할 커다란 방해물에 오히려 내 자신을 잃어간다는 게 느껴졌다.

정신력 강화를 위한 체력단련이 필요했다. 우선 한국 교민 축구 동호회에 가입했고 토요일 4시간 동안 축구를 했다. 처음엔 많이 힘들었지만 곧 예전의 체력을 다시 찾을 수 있었다. 늘어나는 영어 실력처럼 체력에 의한 자신감 또한 학교생활에 에너지를 불어넣어 주기 시작했다. 그걸로 부족했던 나는 교민 테니스 동호회에도 가입하여 월, 수, 금 저녁 8시부터 2시간씩 테니스를 통해 지속적으로 체력을 끌어올리기 시작했다.

무엇인가를 할 때 열정, 도전정신과 함께 중요한 것은 자기관리라고 생각한다. 육체적, 정신적 자기관리는 자신감을 불러일으키고 자존감을 높여줘 결국 시작한 도전에 긍정적인 영향을 불러준다. 준비가 다 되어있는데 무엇이 두렵고 무엇이 걱정되겠는가. 결국 자기관리란

것은 어렵고 힘든 도전이라는 과정을 나에게 유리한 방향으로 바꿔놓는 방법이라 생각한다. 나 자신을 나에게 유리한 육체적이고 정신적인 조건으로 바꿔놓는 것이 바로 자기관리인 것이다.

42.195km를 달리는 마라토너는 평소에 훈련했던 본인의 페이스에 맞춰 레이스를 펼친다. 훈련보다 더 빠른 속도나 더 늦은 속도로 레이스를 펼칠 경우에 페이스 조절 실패로 원하는 기록을 달성하기 힘들다. 훈련과 함께 해온 체력과 정신력의 올바른 관리야 말로 장거리 경기에서 가장 필요한 페이스를 이끌어 낼 수 있다. 반면에 적절하지 못한 자기관리는 실전에서 페이스 조절 실패로 연결되고 결국은 레이스를 성공적으로 끝내지 못하게 한다. 장기전을 위한 평소부터의 자기관리는 필수이지 선택이 아니다.

> 세상이 원하는 게 무엇인지 따지지 마라.
> 당신을 활기차게 만드는 것이 무엇인지 물어보고 그걸 행하라.
> 세상이 필요로 하는 것은 활기찬 사람들이다.
>
> 하워드 서먼

미래를 위해
나에게 시련을 선물하자.

"입에 쓴 약이 몸에는 좋다"라는 말이 있다. 이 말은 몸에 좋다는 음식들은 그렇게 입이 즐겁지 않다는 것을 의미한다. 비록 단것을 많이 먹으면 살이 찌고 이가 상하는데도 사람들은 쓴 것보다는 달고 맛있는 것들을 좋아한다. 당장 맛있다고 단것만 먹어 내 몸을 해롭게 할 수는 없다. 쓴맛이 강해 너무 먹기 싫고 지금 당장은 효과가 없을 수 있지만 다가올 미래의 건강을 위해서 반드시 먹어야 할 때가 있다.

이집트에서의 중동지역연구 석사과정은 나에게 있어 가장 힘든 도전이었다. 지금까지와는 다른 환경에서 다른 언어로 공부를 하고 학위를 받는다는 것이 생각한 것보다 힘들었다. 외국에서 공부한다는 것만도 사실 힘든데 나 스스로가 내 도전을 더 힘들게 만든 것도 있었다. 처음 석사과정으로 카이로에 갔을 때 졸업 시험을 쳐서 학위를 받을 것인지 논문을 작성하고 학위를 받을 것인지 선택할 수 있었다. 석사학위가 목적이지 어떤 방식으로 받을 것인지는 오로지 내 몫이었다.

영어로 석사 논문을 100장 이상 쓴다는 생각을 배제한 것은 아니었지만 쉽게 시험으로 석사과정을 마무리하기로 마음먹고 카이로에 왔었다. 조금 더 수월한 방법이 있는데 굳이 어렵고 힘든 길을 이용해 목적지에 갈 필요는 없다고 생각했기 때문이었다. 대학원 첫 학기를 다니면서 점점 논문을 작성하고 싶다는 생각이 자리 잡았다. 논문을 쓴다는 것은 그냥 말처럼 쓰자 말자의 문제가 아니었다. 짧은 500자 정도의 주간 페이퍼나 내 생각을 적는 시험과는 차원이 다른 문제였다.

고민을 하지 않을 수 없었다. 졸업하기 위해서 이곳에 온 것인데 굳이 어려운 길을 가지 않아도 된다는 생각이 있었다. 반대로 박사과정 진학을 위해선 반드시 석사 논문이 있어야 한다는 생각도 했다. 가장 큰 문제는 영어로 수업을 하며 과제와 발표를 해야 하고 논문작성까지 준비해야 한다는 것이었다. 그러다 마음을 먹었다. "3년 뒤 졸업할 때 석사과정의 내 업적을 학위 논문으로 삼아야겠다."란 생각을 한 것이다. 한 달 가까이 생각하고 생각했다. 과연 아직 오지도 않은 미래를 위해 석사논문을 작성하는 게 올바른 준비인지 아닌지 말이다. 그냥 지금 순간을 넘어가고 박사학위에 관한 것은 그때 다시 생각을 해봐도 되지 않을까에 대한 생각도 곰곰이 했다.

사실 이유는 간단했다. 강의시간에 이뤄지는 토론에서 내 생각과 주장을 펼치기 정말 힘들었다. 익숙하지 않은 대화나 토론 문화도 그렇지만 우선 하고 싶은 말을 다 영어로 하지 못하는 답답함이 더 컸다. 처음엔 단지 영어를 못 해서 대화에 참여하지 못하는 것이라는 생각으로 영어 공부를 더 열심히 하려고 했지만 사실은 짧은 영어만의 문제는 아니었다. 시간이 지나가면서 내 영어도 문제지만 더 큰 문제는 내가 아는 게 없다는 것을 인정하기 시작했다는 것이다. 그와 더불어 나와 내 친구들이 서로 아는 것 또한 상당히 다르다는 생각도 하기 시작했다. 이러한 부족한 지식을 다시 넣어가며 논문을 작성한다는 게 말처럼 쉬워 보이지 않았다.

한번은 대학원 수업에서 '오리엔탈리즘'에 대해 듣고 난 사실 많이 놀랐던 적이 있다. 나의 지식이 부족해서 내가 몰랐을 수도 있었겠지만 그 때 수업 전까지 난 오리엔탈리즘이 중국에 관한 것이라 생각했다. 물론 요즘이야 국내 도서도 들어오고 인터넷의 발달로 검색이 쉬워 찾아보기 쉽겠지만 학창시절을 거치면서도 오리엔탈리즘에 대한 그 어떤 생각도 해본 적이 없었다. 대학원에서 만난 미국과 영국, 유럽 친구들은 자연스럽게 오리엔탈리즘을 중동이랑 연관시켜 생각했다. 대학 4년을 졸업하고 간 대학원에서의 내 지적 수준은 수능에 출제된 문제풀이용 지식 외에는 사실 갖고 있는 게 없었다.

그뿐만이 아니라 더 창피한 경우도 있었다. 다음 수업을 위해 읽어야 할 책 중에 마르크스주의에 관한 책이 있었다. 아직도 그 책 제목을 듣고 놀랐던 기억을 고스란히 갖고 있다. 학교도 수능도 상관없이 한국에 책이 있는 줄도 몰랐던 마르크스주의에 관한 책을 다음 주 까지 읽어오라는 말에 큰 충격에 빠졌다. "이런 책을 어떻게 읽을 수 있지? 한국에서는 불온서적이란 책인데? 아직도 군대에서는 이런 책과 읽는 사람을 확인하고 있는데…"등 정말 많은 생각을 했던 기억이 있다.

나의 대학원 친구들은 나와는 매우 달랐다. 그 어떤 주제에 대해서도 자신의 생각과 의견을 막힘없이 말했다. 한국에서는 시험에 나오지 않아 정말 사소한 것에서부터 정치적으로 불온하다고 해서 대놓고 읽고 말할 수 없는 것까지 말이다. 나와는 달라도 너무 달랐고 난 몰라도 너무 몰랐다. 단지 영어가 짧아 토론 수업에 참여 못 하는 것이라며 나 자신을 합리화했던 것들이 정말 부끄러웠다.

이러한 이유들이 나 스스로에게 오기가 되어 나름의 시련을 만들어 주기 시작했다. 모르는 것을 아는 것은 정말 좋았지만 더 이상 창피하게 강의를 듣기 싫었다. 언제가 될지 모르겠지만 한국에 귀국하기 전 한 번은 거침없고 당당하게 내 생각을 수업시간에 전달하겠노라고 다짐했다. 결국 그렇게 난 스스로에게 풀기 어려운 숙제를 하나 더 안겨줬다. 석사과정을 끝내고 한국에 돌아갈 땐 최상의 영어실력과 내가 연구한 분야에서 만큼은 충분한 대화가 될 수 있는 전문성을 원했다. 게다가 박사학위 진학 시에도 논문은 반드시 필요했다. 첫 학기가 종료하면서 결국 내 마음은 비논문 졸업에서 논문작성 졸업으로 방향을 전환했다.

2년 이상의 논문작성을 위한 노력은 힘들었지만 결국 논문과 함께 졸업장을 받았다. 지금까지도 석사학위 논문은 내 도전의 결실을 의미한다. 힘든 일이 있어 극복해야 할 때마다 책꽂이의 내 도전의 결실이었던 석사논문을 본다. 언제든 넘기 힘든 산을 만난다면 다시 그때처럼 넘어갈 수 있다고 확언하면서 말이다.

과연 나 스스로 나에게 준 이 시련이 나중에 선물이 될 수 있을까 하고 생각해 봤다. 그 당시에 졸업 여부만 생각했다면 안 해도 될 도전이었다. 내 도전인 중동지역 석사학위를 받는 것에는 큰 문제가 없었다. 단지 더 이상 수업에서 영어가 짧아 창피해지고 싶지 않아 영어 공부와 대학원 과정의 최종 산물로 논문작성을 선택했다. 스스로에게 너무 큰 짐을 안겨 준 나는 극도로 지쳐 과정을 마치고 귀국하면서 난 "더 이상 공부는 하지 않겠다! 특히 외국에서 다시는 하지 않을 것이다!"란 말까지 할 정도였다.

타향살이를 끝내고 한국에 와서 맛있는 것도 먹고 좋은 것을 보고 다니니 이집트에서 겪었던 고생들이 곧 치유된 것 같다. 힘들었을 때의 기억은 고스란히 잊어버리고 다시 나의 도전에 대한 갈망과 생각으로 가득 차기 시작했다. 바로는 아니었지만 5년 뒤에 난 박사 과정에 진학을 했고 7년 뒤에 다시 이집트 지휘참모대학으로 군사학 석사 과정을 위해 출국했다.

누구에게나 시련도 위기도 찾아온다. 시련과 위기도 성공으로 가기 위해선 우리가 감당하고 해결해야 할 핵심 요소이다. 피하고 도망간다고 능사는 아니다. 어떻게 앞으로의 내 계획에 활용 할 수 있을지 몰라 힘들고 두렵겠지만 결정해야 한다. 그리고 순간순간에 최선을 다해 그 시련을 극복해 나가야 한다. 힘들었지만 석사학위 논문작성이라는 내 선택은 다음 도전으로 연결되는 '신의 한 수'였다. 비록 지금은 별로 중요해 보이지 않더라도 만약 자신에게 더 큰 기회를 제공할 것 같다고 생각되면 과감하게 미래의 나에게 주는 선물이라고 생각해 보는 것은 어떨까?

> 운이 좋았을 수도 있지만,
> 우연히 생긴 일은 아니다.
> 크리스 사키

저력은 위기일 때 발휘된다.

위기라는 말은 위험한 고비와 시기를 뜻하는 말로 도전에 있어 부정적인 요소로 사용된다. 그렇다고 우리는 위기라는 단어를 항상 부정적으로만 사용하지 않는다. "위기는 기회다"라는 말처럼 위험한 고비와 시기에 처해있는 사람들은 이를 잘 활용하여 성공으로 향하기도 하기 때문이다. 그렇다면 위기의 순간을 기회로 전환하기 위해 가장 필요한 것은 무엇일까? 미리 예상하고 준비하는 사람이라면 위기의 순간을 기회로 바꾸는 것이 그리 어렵지 않을 것이다.

AUC 대학원에서의 첫 학기를 끝내고 학기별로 수강 과목을 줄여야겠다고 생각을 했다. 3학점 한 개 과목당 읽어야 할 책과 자료들이 상당히 많았다. 하루에 300페이지 이상을 부지런히 읽어야 다음 시간 강의를 위한 페이퍼 작성과 토론에 참여할 수 있었다. 아직 적응하기 전이란 핑계를 대며 언젠가 좋아질 거란 확신이 있었지만 당장은 매우 버거웠다.

그렇게 2학기를 마치고 여름이 되었다. 한국과 달리 여름방학이 3달 이상으로 계절 학기를 듣기에 충분했다. 전체적인 과목 수를 줄여 학기별로 좀 더 여유롭게 수업 준비와 논문작성 준비를 하려고 했다. 여름학기를 통해 과목 수를 줄이지 못한다면 학기 자체가 큰 위기가 될 것은 불 보듯 뻔했다. 계획을 수정하고 실행에 옮겨 여유를 확보해야 했다.

전략적으로 과목을 선택하기로 했다. 과목 수도 줄이고 성적도 잘 받아야 직면한 위기를 넘길 수 있었다. 주변 친구들에게 물어 암기 위주의 시험을 치는 과목을 확인했다. 나 또한 배우는 것이 무엇이든 한국 사람이라 암기식 시험에는 강한 자신감이 있었기 때문이다. 같은 교수의 국제정치 과목 두 과목을 수강 신청하고 수업에 들어갔다. 계획대로 수업참여 점수 외에 기말고사 단 한 번으로 성적을 산출했다. 출제 예상문제를 알려주고 학생들에게 답을 준비하게 한 후 그중 한 문제를 시험에 내는 방식이었다.

여름학기 시험당 2일은 밤을 새웠던 것 같다. 예상 답변 여러 개를 작성해서 글자 하나 틀리지 않고 외우고 써보고 외우고 써보기를 여러 번 반복하고 시험에 들어갔다. 계획대로 성적을 아주 잘 받았고 당장 다음 학기의 수업에서 조금의 자유를 맛볼 수 있었다. 사실 구체적인 계획을 하고 실행에 옮기는 스타일이라고 해도 모든 것을 계획할 수 없다. 계절 학기 또한 생각해 본 적 없는 방법이었다. 학기를 하며 정신을 똑바로 차리지 못하면 졸업을 정해진 기간에 못 할 수 있다는 생각을 하게 되었다. 정해진 기간에 졸업을 못 한다는 것은 강제 귀국과 동시에 앞으로 가려고 하는 커리어를 더 이상 갖지 못한다는 것을 의미했다.

어떻게 온 유학인데 중간에 포기하고 돌아갈 수 없었다. 개인적인 문제뿐 아니라 나의 선배들과 후배들의 문제이기도 했다. 성공하기보다 실패하기를 바라는 그런 무리들에게 보란 듯이 성공한 것도 보여줘야 했다. 학사장교 처음으로 해외 유학을 나와 실패를 한다면 내 후배들에게는 앞으로 절대 기회가 가지 않는다는 걸 잘 알고 있었다. 이러한 극한의 스트레스에서 벗어나려고 하자 계획에 없던 기발한 생각과 강한 추진력이 나올 수 있었다고 생각한다.

여름 학기를 무사히 마치고 학기당 과목 수를 두 개 과목으로 줄일 수 있었다. 강의를 들으며 논문 주제와 관련 근거들을 찾는 2년 차만 잘 버티면 논문작성 및 심사로 이뤄진 3년 차는 큰 부담이 없을 거라 생각했다. 가을학기가 시작되면서 도서관에서 닥치는 대로 자료를 찾고 책을 읽기 시작했다. 이라크에서 파병할 때 석사학위 때 꼭 연구해보고 싶은 논문 주제가 있어서 주제 선정은 사실 어렵지 않았지만, 자료 수집은 어려웠다.

영어로 논문 쓰는 것도 큰 도전인데 자료를 1년 안에 읽고 정리한다는 것이 사실상 너무 어려웠다. 피할 수 없는 상황이어서 논문 작성을 위한 구체적인 계획을 세웠다. 우선 1년간 수업을 들으며 논문 지도교수 3명을 선정해서 허락을 받아야 했다. 그와 더불어 논문 목차별 들어갈 내용의 책, 학술논문, 기사 등을 읽고 정리도 필요했다. 앞으로 1년 안에 이 모든 과정이 완료가 되면 5학기에 제안서 통과, 6학기 5월까지 논문 작성 및 최종본을 제출하는 것으로 말이다.

사실 나는 벼락치기 공부 방법을 선호하지 않는다. 하루에 조금씩 하면 여유 있는 시간을 사용할 수 있는데 굳이 벼락치기를 하면서 강한 스트레스를 받고 싶지 않았다. 논문 작성 또한 비슷하게 접근했다. 귀국할 때까지 스트레스를 받을 것 같은데 여유롭게 접근하여 스스로를 궁지에 몰고 싶지 않았기 때문이다. 그 방법만이 내 계획을 둘러볼 여유도 주고 필요시 수정도 가능하게 할 수 있었다. 사람은 궁지에 몰리면 생각의 폭은 좁아 들고 효과적으로 생각하기 힘들어지니까 말이다.

그렇다고 위기 상황에 처했을 때 손 놓고 있는 것은 아니다. 비록 예상치 못한 위기 상황에 처했어도 생각할 시간이 확보되었을 땐 엄청난 집중력을 발휘할 수 있다. 주변에서 무슨 일이 일어나도 전혀 듣지 못할 정도로 말이다. 그런 이유로 대학교 시험 기간에 도서관에서 공부하면서 캠퍼스에서 진행 중이었던 학교축제에 관한 그 어떤 소리도 들어본 적이 없다. 꽹과리와 음악이 그렇게 난무하던 캠퍼스에서도 시끄럽다고 느껴본 적이 거의 없었다.

지도교수 선정과 논문자료 확보를 위한 수업만을 골라 들었다. 그 결과 3명의 지도교수 선정을 미리 완료할 수 있어 논문의 방향을 사전에 논의할 수 있었다. 내 방 벽에 내가 작성할 논문을 챕터별로 출력해서 붙여 놓고 자료가 확보될 때마다 참고할 수 있도록 작성했다. 각 챕터별 모인 자료들은 큰 바인더를 사서 챕터별로 참고하게 될 순서대로 묶어 보관했다.

5학기가 끝나면서 논문제안서는 통과가 되었고 드디어 논문을 작성해야 했다. 자료는 준비가 다 되었고 이제 작성에 전념해야 하는 시기가 왔다. 나 스스로 작성 논문 제출 기한을 4월 30일로 정했다. 5월에 논문 디펜스가 계획되어 있으니 4월에는 완료되어 제출해야 했다. 나의 논문 작성을 위한 데드라인을 4월 15일로 선정하고 그 뒤 2주간 미국인 친구로부터 논문을 교정받는 것으로 계획했다.

마지막으로 논문의 첫 타이핑을 시작하는 날짜를 2010년 1월 2일로 정하고 그때까지 푹 쉬었다. 웬만하면 늦게 오기 바랐던 논문 쓰는 날은 생각보다 일찍 다가왔고 그렇게 약 3달 동안 오직 논문 작성이라는 목적만 갖고 전력투구했다. 계획대로 100일 정도 만에 논문 120페이지를 작성했고 친구의 도움을 받아 교정을 완료했다. 5월에는 지도교수 3명의 의견을 반영하여 논문수정 및 결재를 받아 학교에 제출했다. 물론 무사히 논문심사를 마쳤고 그해 6월 모든 과정을 종료하고 귀국할 수 있었다.

장교로서 군 생활을 하면서 얻은 것이 아주 많다. 그 중 데드라인에 맞춰 역방향으로 계획을 세우는 것이 가장 값진 것 이라 할 수 있다. 마지막에 완성되어 있어야 할 데드라인과 변수 발생을 고려한 여유까지 반영해서 모든 계획을 세운다는 것은 그만큼 여유가 있고 효율적으로 계획을 현실화할 수 있다는 것이다. 일의 진행 또한 집중력을 갖고 신속하게 이뤄내기도 한결 쉽다. 《데드라인 이펙트》라는 책은 군 생활간 몸소 체득했던 데드라인 선정의 중요성과 결과 도출에 대해 잘 설명한다. 어떻게 위기에서 최고의 사고가 발생하고 노력의 낭비를 줄여 효율적으로 실행에 옮기는지에 대한 방법들 말이다.

미리 계획을 하고 일을 진행한다면 한결 여유롭고 효과적인 결과를 도출할 수 있지만, 현실이 항상 그렇게 되진 않는다. 위기의 순간에서 가장 중요한 것은 침착함일 것이다. 침착함을 바탕으로 현재 눈앞에 펼쳐진 것을 객관적으로 바라봐야 한다. 그렇게만 된다면 정해진 시간 안에 주어진 일을 반드시 할 수 있다. 데드라인과 역방향 계획을 통해 얼마 남지 않은 시간의 낭비를 줄이고 효과적인 방법을 동원해서 성공적인 결과를 이끌어 낼 것이다. 위기의 순간에서 인간은 이성적 사고를 통해 최고의 능력을 보인다.

> 당신이 포기할 때 나는 시작합니다.
>
> 일론 머스크

지연, 혈연, 학연의 연결고리에서 살아남는 법

2021년에 영화 《모가디슈》가 개봉되었다. 1991년 소말리아 내전 당시 수도 모가디슈에 주재하던 한국 외교관들의 탈출에 관한 영화로 실화를 바탕으로 제작되었다. 이 영화에서 무엇보다 주목해야 할 점은 가족들의 생명을 건 탈출에 남과 북이 이념과 사상을 넘어 연합했다는 점일 것이다. 책임감 있는 어른으로서 어린아이들을 포함한 자신의 가족을 위험으로부터 안전하게 지키는 것은 선택이 아니라 의무라는 것을 다시 명심하게 해준 계기가 되었다.

2002년 첫 이집트 카이로에서의 생활은 항상 신기하고 재밌었다. 우리와의 문화, 생활, 종교 등 완전히 달랐지만 내가 보고 듣는 것 외에 그 어떤 것도 신경 쓸 필요가 없었다. 열심히 공부하고 다양한 곳을 여행하면서 보고 배우는 것 자체가 나를 위한 공부이자 투자였기 때문이었다. 카이로 생활에서 오는 그 어떤 걱정이나 고민도 나 개인에 관해선 할 필요가 없었다.

그 당시 어학연수 대표로 카이로 주재 한국 대사님과 가벼운 티타임을 가졌었다. 대사님을 만나 이런저런 얘기를 듣고 나누기 위해 방문했지만 대사관이 하는 일과 중요성에 대해선 그리 크게 피부로 느끼진 못했다. 그저 연수생 대표로 대사님과 만남이 있어 방문한 그 이상도 이하도 아니었다.

시간이 흘러 2007년 국방부 소속의 육군 장교로 카이로에 석사과정을 갔을 때는 그 전에 나와는 많이 달랐다. 해외 대사관이 하는 업무도 어느 정도 알고 있었던 것도 있었지만 더 이상 혼자가 아니라는 것이 가장 큰 차이점이었다. 입장이 달라지다보니 보는 관점도 생각하는 관점도 많이 달라졌다. 이집트 입국 전 한국에서 소말리아 내전당시 모가디슈에 관한 정보들에 많은 관심이 생겨 다각적으로 자료 수집을 했었던 기억이 있다.

한국과 우방국이긴 하지만 여러모로 비슷한 상황이 아닐 수 없어 걱정하긴 했었다. 물론 그 당시 카이로는 내전이 발생할 확률이 있던 나라는 아니었지만 중동의 화약고인 팔레스타인과 이스라엘이 인접해 있었다. 무엇보다 가장 큰 걱정거리는 카이로에 한국 대사관과 북한 대사관이 공존한다는 것이었다. 그 말은 카이로 시내를 걷다가 스쳐지나간 한국 사람이라 생각했던 무리 중에 북한 사람도 있다는 얘기가 된다.

가장 신경 쓰이는 사람은 내가 아니었다. 나의 업무로 인해 카이로에 같이 거주하게 된 가족, 특히 3살배기와 100일 된 두 아들의 안전과 건강이었다. 물론 영화 모가디슈처럼 극한에 처한 생과 사의 갈림길은 아니었지만 한국과는 많이 다른 카이로 생활에 안전하고 건강하게 적응해야 했다. 한국에서 한 번도 생각해 본 적 없던 나와 내 가족들의 무사한 귀국이 나의 최고의 필수 과제가 되었다.

우리나라도 많이 달라졌다고는 하지만 아직 일부 남아있는데 카이로는 모든 것이 지연, 혈연, 학연에 의해 해결된다고 봐야 했다. 거기다 '박시시'라고 통용되는 팁 문화가 있지만, 그냥 팁이라고 단정 짓기엔 그 범위가 너무 넓었다. 때론 팁이 되기도 하고 때론 뇌물이 되기도 해 정확하게 정의하기 어렵기 때문이다. 3년이라는 카이로 생활의 주된 목표는 중동지역전문가가 되는 것이었지만 실제로 이론은 학교에서, 실습은 거리나 생활에서 배웠다. 한국에서 생활하고 생각했던 것처럼 이집트에서 살아간다면 중동이나 아랍문화에 적응한다는 것은 사실상 불가능이었다.

카이로 생활에서는 자가 차량이 가장 중요한 교통수단이다. 한국처럼 대중교통 시스템이 잘 발달하지 않았기 때문에 시장을 보거나 병원을 가기 위해선 반드시 차량이 필요하다. 하루는 업무를 보기 위해 집 앞에 주차되어있던 차를 타려 하자 근처에 있던 교통경찰 한 명이 나에게 다가오며 말했다. 그 경찰이 말한 핵심은 단속하는 사람들이 왔는데 본인이 내 차를 단속하지 못하게 해줬다는 말이다. 그 말을 듣고 주변을 둘러보니 내 차를 제외한 다른 차들은 이동할 수 없게 바퀴에 고정 장치가 되어있는 것을 목격했다.

물론 한국과 달리 차바퀴에 장치를 해서 차가 운행을 못 하도록 한 것도 처음 봤지만, 그 경찰이 내 차만 단속이 되지 않게 지켜줬다는 것 또한 믿을 수 없었다. 공무원들이 주차단속을 하는데 교통경찰 한 명이 '이건 내 친구 차니까 그냥 가!'라고 했다는 것이니까 말이다. 그뿐 아니라 내가 웃으면서 고맙다고 하자 팁을 좀 달라는 중동 특유의 제스처를 보내왔다는 것에 다시 한번 놀랐다. 경찰 제복을 입고 길거리에서 공공연하게 팁을 달라고 하지만 사실 뇌물이랑 크게 다를 게 없다는 생각 때문이었다. 팁 문화나 고마움에 사례가 딱히 없는 한국인으로서는 머리가 복잡했지만 그냥 연신 고맙다며 그 자리를 떠났다.

며칠 지나 다시 그 경찰을 만났을 땐 무엇인가 상황이 달라져 있었다. 내차도 더 이상 움직일 수 없게 바퀴에 무엇인가 채워져 있었기 때문이다. 내 차 옆에서 웃으며 서 있던 그 경찰에게 다가가서 물어보니 이번엔 본인이 아무 말도 안 해줘서 이렇게 된 것이라고 의기양양하게 말하는 모습에 다시 한번 놀랄 수밖에 없었다. 학교에 수업을 듣기 위해 가야 하고 시장도, 애들 병원도 가야 하는 상황에 내 차는 집 앞 도로에 움직이지 못하게 붙어있던 상황이었다. 싸운다고 해결될 상황이 아니란 걸 직감했다. 사실 그때 처음이라 그냥 새겨듣지 않은 내 자신도 조금은 한심하기도 했다. "로마에 왔으니 로마법을 따라야 하는 건데..." 라는 생각이 내 머리를 강하게 때렸다.

내가 아는 모든 것은 한국에 두고 왔어야 했다. 내가 알던 상식은 한국인의 상식이지 카이로의 상식과는 거리가 멀었기 때문이다. 특히, 내가 외국인이라서 더 눈에 띄기 때문에 백화점이나 마트 등을 방문할 때 많은 경찰들을 만난다. 정말 신기한 것은 내 차를 잘 봐달라는 뜻으로 팁이란 것을 주면 정말 내 차는 항상 안전하다는 사실이다. 만약 내 차를 견인해서 가져간다면 난 내 차를 어디서 찾을지도 몰랐다. 그보다 더 걱정스러웠던 것은 과연 내 차를 다시 찾을 수 있을지에 대한 의문이 심각하게 들어 교통경찰과는 좋은 관계로 지내기로 했었다.

비단 자동차뿐만 아니었다. 2017년 이집트 지휘참모대 근무 시절 발가락 골절로 병원을 가야했다. 3번째 카이로 생활이다 보니 집 근처 병원을 가려고 큰 걱정은 하지 않고 병원 진료를 위한 조퇴 신청을 했다. 그 당시 학교에서는 큰 난리가 났다. '한국에서 온 단 한 명의 장교가 발가락 골절이 돼서 병원을 가겠다고 신청했다는데 어떻게 할 거냐.'는 분위기였다. 뭐 그리 큰일도 아닌데 호들갑 떤다고 생각했지만 내 생각보다 일이 커지고 있음을 직감했다. 그렇지만 걷지도 못하는 상황이라 에너지를 낭비하기 싫어 가만히 있었다.

곧 담임교관, 교무처장, 부학교장 순으로 나를 면담하기 시작하면서 뭔가 부담스러워지기 시작했다. 곧 나의 지참대 생활을 도와주는 친구가 호출되었고 교무처장과 대화를 나누더니 나에게 병원에 가자고 했다. 그 친구의 차를 타고 난 근처 군 병원에 진료를 보게 되었다. 보통은 혼자 병원에 가서 진료를 보겠지만 외국인이고 하니 친구가 동행해주는 것 까지는 이상하진 않았다. 병원에 도착해서 진료실에 들어가려고 기다리는데 처음으로 만난 것은 의사가 아니고 병원 부원장이었다. 부원장은 나에게 차를 주면서 마시라고 했고 마시면서 내 발가락 상태에 대해서 묻고 진찰하기 시작했다. 병원에 진료를 보러 온 환자이긴 했지만 나도 부원장도 군인이었고 더군다나 부원장은 장군이었다.

병원장님의 지시로 장군인 부원장이 나의 주치의가 되었고 그 뒤 매주 한 번 내원하며 치료를 잘 받아 완치할 수 있었다. 물론 외국인이라 더 큰 관심을 받은 것일 수도 있겠지만 지참대라는 학연에 관심이 더해져서 부원장의 단독진료나 원장의 관심을 받으며 치료할 수 있었다.

때론 생존이나 공생을 위해선 나 스스로가 바뀌어야 할 필요가 있다. 지연, 혈연, 학연 등 우리가 불필요하다고 느끼는 모든 것들이 필수로 남아있는 곳에서는 더욱 더 그러하다. 한 달에 1,000파운드라고 말한 큰 아이 유치원비는 원장이랑 AUC 동문이라는 사실이 밝혀지자마자 500파운드로 인하되었다. 현지인이 아니라 지연과 혈연으로 인한 이득은 경험하지 못했지만 내가 직접 경험해 본 학연은 아직 카이로에 존재했다. 중동지역전문가는 단지 학교에서 공부만 하기 위해 현지로 파견되는 것이 아니다. 중동에 대해 많은 것을 직접 보고 느끼고 경험해 필요시 우리에게 유리한 방향으로 그들을 끌어갈 수 있어야 한다.

나와 생각하는 것이 다르다고 내 생각만 계속 고집할 수 없다. 특히, 내가 주가 아닌 사회에서는 더 그러할 것이다. 한국인이 이집트에서 살게 되었을 때 반드시 거쳐야 할 통과의례라는 것은 존재한다. 사람이 사는 데는 저마다의 이유가 있다. 직장이나 사회에서 나랑 생각이 다르다고 나랑 성향이 맞지 않는다고 비난하거나 배척할 필요는 없다. 비록 나와 맞지 않지만 내가 필요한 것이 있다면 순응하고 적용해서 생존하는 방법을 찾아야 한다. 바로 그 길의 끝에 내가 진정 원하는 것이 기다리고 있다면 말이다.

> 다른 사람을 곤경에 빠트리지 말라.
> 상처를 주지도, 받지도 말라.
> 빌 게이츠

나만의 에베레스트에 올라서라.

우리는 살면서 갖게 된 생각을 바꾼다는 것이 쉽지 않은 일이라는 것을 잘 안다. 사소한 것 같지만 생각을 바꾼다는 것은 지금까지 해온 삶의 방식을 바꾸는 것을 의미하기도 한다. 결국 생각과 방법을 바꾸게 되면 지금까지 알고 있던 지식마저도 전혀 상관없는 것이 될 수도 있다. 만약 내가 오르고 싶은 산과 오를 수 있는 산이 있다면 그중에서 선택해야 한다. 둘 중 하나를 선택해서 도전을 하거나, 아니면 우선순위를 두어 순차적으로 도전해야 한다는 말이다. 우리는 언제나 선택의 기로에 서 있고 최선을 다해 선택해야 한다. 그 뒤엔 그저 나를 믿고 선택된 길에 집중해서 나아가야 한다.

우리 삶에 변화를 주는 요소들은 생각보다 많다. 우리 삶의 방향을 통째로 바꿔야 하는 큰 것에서부터 가는 길을 바꿔야 하는 작은 변화도 있다. 나 스스로에 의한 생각이나 결과에 따라 바뀌는 변화들은 아쉽기는 해도 크게 억울하지는 않을 것이다. 만약 내 뜻과 의지와는 무관하게 외부적 요소에 의해 인생이 크고 작게 변하게 된다면 그건 크게 억울할 것이다. 그렇다고 억울함에 붙잡혀 인생의 소중한 시간을 낭비하게 된다면 그건 바로 절망으로 이어질 수 있다.

자신의 솔직한 감성과 개성을 적극적으로 드러냈던 감정적 그리고 경제적으로도 풍요로운 세대들을 'X세대'라고 불렀다. 고등학교까지 아날로그와 함께 보냈고 대학을 다니며 디지털로 전환되어 둘 다 경험해본 세대였다. 물론 개인마다 X세대에 대한 평가가 다르겠지만 나는 긍정적으로 생각한다. 비록 IMF로 인해 꿈을 키워보지도 못한 불운의 세대이기도 했지만 밀레니엄으로 인해 디지털로 전환될 때 살아남은 적응이 빠른 세대이기도 했기 때문이다.

나는 사실 개인적으로 포기가 빠른 편이다. 시도하지도 않고 지레 포기한다는 말이 아니다. 최선을 다해 사점을 넘어 보지만 나의 한계와 불가능을 느낀다면 과감히 그 길을 접는다는 것이다. 내가 간절히 원한다는 마음 하나만으로 모든 것을 걸기엔 내 인생이 너무 소중하다. 행복하게 사는 게 목표이지 행복하게 살기 위한 과정은 그리 중요하지 않다. 원하는 길로 걸어 행복하지 않을 것이냐 아니면 행복을 위해 원치 않은 길도 걸을 것이냐의 문제라면 당연히 내 답은 후자이다.

tvN 드라마 《스물다섯 스물하나》에 나오는 대사 "시대가 네 꿈을 빼앗았다."를 듣고 많은 생각에 빠졌다. 고3 때 불어 닥친 IMF로 대부분은 더 이상 꿈을 꾸지 않고 살게 되었다. 20살에 대학만 가면 무조건 행복할 것이라고 생각했던 많은 친구들에게 그런 현실은 오지 않았다. 이제 대학 생활이 곧 취업과 연관되어 있어 꿈꿨던 캠퍼스 라이프보단 공부에 집중했고 취업과 관련된 동아리에만 학생들이 몰렸다.

그럼 도대체 그 시대가 내게 준 긍정적인 영향은 무엇일까? 그것은 바로 변화에 적응하는 능력이 생긴 것이다. 사실 나는 지금도 트렌드에 민감하거나 변화에 적극적인 얼리 어답터는 아니다. 디지털의 등장과 IMF의 후폭풍은 그런 나에게도 변화를 적극적으로 받아들이고 적응해서 내 인생에서 우뚝 서야 한다는 가르침을 주었다. 편안한 것이 좋고 변화를 싫어하던 나조차도 시기적으로 변화하지 않으면 살아남을 수 없다는 것을 직감했다. 무엇이든 개성 있는 것을 빠르게 선택해서 상대적으로 오랜 준비시간을 갖고 승부를 걸어야 한다는 생각이 들었다. 직장생활도 정리해고나 명예퇴직 등의 발생으로 20년 이상 한 직장에서 일하는 것은 힘든 구조로 변화되어 갔다.

변화를 경험하고 나서 살아남기 위한 적응을 마쳐야 했다. 그리고 나를 위한 선택과 그 결과를 반드시 갖기 위해 적합한 체질로 바꿔야 했다. 모든 것을 대학 졸업 후 20년 뒤인 40대 중반으로 맞추고 노트에 나만의 도전과제들을 적어나가기 시작했다. 군대 최대한 늦게 가기, 해외 유학, 해외여행, 해외 근무, 결혼, 아파트 구매, 연금 수령 등 생각나는 것을 다 적었다. 이 모든 것을 갖기엔 사실상 힘들었지만 우선 도전과제들을 시각화 시켜야 했다.

개인적으로 제일 중요하다고 생각했던 연금에 대해 곰곰이 생각해보기 시작했다. 어떻게 하면 연금을 받게 되고 또 언제부터 받게 되는지 등 따져보기 시작하자마자 큰 벽을 마주하게 되었다. 연금을 받기 위해선 공무원이 되어야 했는데 공교롭게도 가장 빠르게 연금을 받으려면 직업 군인이 되어야 했다. 21살 당시 세상에서 제일 싫은 게 군 복무였던 나는 직업 군인이 제일 빠른 연금 수급 대상자라는 사실에 많이 당황했다.

다른 공무원은 연금 수령 대상이 되어도 60살부터 실제로 연금을 받지만 군인은 20년 복무 후인 45세부터 연금 수령이 가능하다는 게 큰 장점이었다. 나이로 정년을 정하는 일반 공무원과는 다르게 계급에 의한 정년을 기준으로 하는 군인은 45세부터 순차적 퇴직이 이뤄짐에 따른 조치인 듯했다. 회사에서도 40대 중반이면 명예퇴직 대상이 될 것이라는 생각을 해보면서 연금에 대해선 직업 군인이 최선이라는 생각을 했다.

다음으론 해외 유학, 해외 근무, 결혼, 아파트 구매 등에 대해서 알아봤지만 이 역시 그렇게 가기 싫던 군대가 최상의 점수를 받았다. 매년 100여명의 군인들을 선발하여 미국을 비롯한 해외 교육을 받을 기회가 제공되었다. 미국 및 우방 국가들과의 연합 및 합동작전은 중요하기 때문에 필요한 것들을 배워 관련분야 정책이나 무기개발 등에 반드시 적용해야 했다. 해외 파병이나 해외 근무 기회가 외교부 다음으로 많다는 것도 놀라운 사실이었다. 비록 크고 좋진 않지만 숙소가 제공되어 상대적으로 이른 나이에 결혼도 하고 안정적인 삶을 살수 있다는 장점도 있었다.

절대 가고 싶지 않은 곳이 가장 최상의 직업으로 선택이 되어 내가

20년을 해야 한다는 사실이 가장 큰 걱정거리였다. 내 인생을 위해 이렇게까지 도전해야 하는 것인지에 대한 생각을 매일 했다. 동네의 작은 등산도 싫어하는 사람이 등산전문가라는 소리가 듣고 싶어 에베레스트를 오르려고 하는 모습이었다. 내가 원하는 여러 가지 조건에 가장 적합하다는 결과가 나왔지만 그래도 쉽게 마음을 열긴 정말 힘들었다.

어려운 현재 상황과 불투명한 미래의 나 자신을 위한 선택을 해야 했다. 내가 하고 싶은 곳은 아니더라도 내가 제일 잘할 수 있는 곳을 선택해야 했다. 졸업 후 많은 선배들이 진출하지 않아 직접적인 경쟁 없이 중동전문가가 되기 쉬운 곳을 선택하기로 최종 결정을 내렸다. 학교 게시판에서 본 육군 장학생을 1학년 2학기에 지원했다. 합격과 함께 대학 4년 전액 장학금을 받게 되면서 나의 모든 것이 시작 되었다.

우선 대학 졸업 전에 고민했던 두 가지가 해소되었다. 1학년 마치고 군 입대에 대한 고민과 4년 동안 대학 등록금 걱정이 사라졌다. 그렇게 시작한 나와 육군의 인연은 그때부터 24년간 쭉 이어왔고 처음에 생각하지 못한 것까지 많은 것을 계획대로 이루었다. 물론 도전하면서 조금씩 내용 수정도 되고 순서 변경도 있었지만 계획했던 모든 것을 이뤘다. 덕분에 대학도, 석사과정도, 박사과정도 내 돈은 거의 들어가지 않았다. 이라크 파병, 이집트 유학, 3사관학교 교수 등을 거치며 중동지역전문가로 중동 관련 VIP들과의 회의와 통역을 도맡아 했다. 가진 것이 없이 할 수 있을까라고 생각했던 결혼도 28살이라는 이른 나이에 할 수 있었다. 비록 이사 횟수가 20번이 넘어 기억이 잘 나지 않지만 군인 아파트에서 아들 둘을 건강하게 잘 키웠다. 여행을 좋아하는 나는 국내와 해외를 따지지 않고 정말 많은 곳을 보고 느낄 수 있었다. 드디어 21살이었던 내가 가장 중요하게 생각했던 연금도 올 해부터 받을 수 있다.

모두가 하고 싶은 일을 하는 '덕업일치'가 되면 얼마나 좋겠는가. 현실은 그렇게 쉽게 흘러가지 않는다. 하고 싶은 일을 해서 행복해진다면 가장 좋겠지만 그렇지 않다면 행복해지는 일을 정하라고 권하고 싶다. 어차피 인생은 행복하기 위해 사는 거지 살다 보면 행복해진다고 생각하지 않기 때문이다. 나의 의사보다는 내가 한 분야에서 우뚝 설 수 있는 나만의 무기를 찾고 만드는 게 아무것도 할 수 없는 상황에서는 정답일 것이다. 행복하게 사는 게 목적이라면 행복하게 살 수 있는 나만의 길을 만들어 보자.

> 내가 가지지 못한 것 보다
> 내가 가진 것에 집중하세요.
> 닉 부이치치

힘들 땐 나만의 '동기부여 인형'을 만들어라.

예전이나 지금이나 우리나라 수험생들이 많이 하는 루틴이 있다. 그것은 바로 부모님이나 친구들과 함께 본인이 다니고 싶어 하는 대학을 방문하는 것이다. 이렇게 대학을 방문하고 나면 공부에 대한 열의가 이전보다는 더 생기기 때문일 것이다. 오랜 공부에 지칠 땐 내가 직접 방문했던 대학의 잔상은 다시 한번 공부에 대한 집중력을 강화시켜 주는 역할을 한다. 이런 목표에 대한 시각화와 체험을 통해 약해질 수 있는 의지를 다지는 것도 꿈을 실현하기 위한 좋은 시도라 할 수 있다.

대학을 졸업하고 장교가 되어서도 석사, 박사과정에 진학해서 공부하고 싶었다. 공부를 통해 중동지역전문가란 타이틀을 조직 내에서 얻고 싶었기 때문이다. 물론 사람은 아는 만큼 보인다고 장교가 되기 전엔 그저 국내 석·박사과정 외엔 생각해 보지 못했다. 마음 같아선 외국에서 유학하고 싶었지만 당시엔 학교까지 생각해 둘 정도로 구체적이진 않았다.

2002년 카이로에서 단기 어학연수를 하면서 정말 운명이란 생각이 들 정도의 학교를 발견하게 되었다. 당시 카이로대학교 아랍어 센터에서 중급반 과정의 아랍어 연수를 받고 있었다. 방과 후엔 시내 곳곳을 다니며 간판을 읽고 이정표를 보는 등 '서바이벌 아랍어' 구사를 통한 실전 어학 능력 향상을 위해 노력했다. 카이로대학에서 연수를 받으면서 기회가 된다면 이 학교에서 석사과정을 할 수도 있겠구나 하는 옵션 중의 한 곳으로는 생각했지만 그렇게 구체적이진 않았다.

그러던 어느 날 드디어 카이로에서 가장 유명한 사립대학이었던 AUC를 방문할 기회가 생겼다. 학교 내 다른 건물들을 방문하는 것은 사실상 힘들어 '타흐리르 광장'에 있는 서점을 방문했다. 미국학교다 보니 영어로 된 서적들을 사기 위해서 어학 연수생들이 종종 방문하는 장소였다. 타흐리르 광장에서 학교 서점을 들어가는 순간부터 난 뭔가 아주 강력한 힘에 이끌리는 경험을 했다. 서점을 보고 나와 마주한 학교본부는 100년 이상 그 자리에 있었던 그 역사와 전통을 고스란히 느낄 수 있었다.

뭐라고 말하긴 힘들었지만, 그때 내 머리를 스쳐 지나간 생각은 "나 무조건 이 학교를 다녀야겠다."는 것이었다. 이 학교에서 공부를 너무 하고 싶었고 만약 다닌다면 나 스스로가 너무 대견할 것 같았다. 물론 쉽게 입학하기 힘든 학교임에는 틀림없지만 어떻게든 기회와 자금을 만들어 꼭 다니고 싶었다. 난 학교를 떠나기 전에 다시 서점으로 향했다. 무엇인가 이 학교를 생각하고 오늘을 떠올릴 만한 '동기부여 물건'

이 필요했다. 일상에 찌들고 힘들어 지칠 때 반드시 이곳을 생각하고 무조건 마음을 다독일 징표 같은 게 필요했다.

그때 눈에 들어온 것은 포켓용 '아영-영아 사전'으로 언제든 휴대해서 아랍어 공부를 할 수 있다는 장점이 있었다. 망설임 없이 사전 두 권을 구매했고 그중 한 권의 제일 뒷장에 '2002.1.31. 다시 꼭 온다!'라고 적었다. 혹시 잃어버려 내 동기부여에 문제가 생길 것을 대비해 두 권의 사전을 구매했다. 귀국 후 새롭게 시작된 장교라는 삶에서 때론 잠도 모자라고 체력적 한계도 맛보는 그런 날들이 흔해졌다. 그럴 때마다 항상 책꽂이에서 나를 보고 있던 '동기부여 사전'을 통해 마음을 잡고 아무리 피곤해도 하루 30분 이상의 아랍어 공부를 하고자 노력했다. 하루 4시간도 자기 힘들었고 때론 전투화를 신은 채 숙소 거실에 엎드려 자고 다시 출근한 적도 많았지만 목표 달성을 위해 아랍어는 손에서 놓지 않았다.

물론 바로 석사과정으로 가진 못했지만 2005년 이라크 파병 복귀 후 2006년 드디어 기회가 왔다. 파주 첫 부대에서의 생활은 힘들었지만 주변 선배들의 방해에도 절대 아랍어 공부를 놓지 않았다. 그 결과 이라크에서 아랍어 통역장교로 성공적으로 근무할 수 있었고 그 경험을 바탕으로 마침내 이집트 AUC에서 중동지역학 공부를 할 수 있게 된 것이다.

사실 지금도 그 조그마한 핸드북 사전은 다른 큰 사전들과 나란히 내 책꽂이에 있다. 지금도 볼 때마다 사전을 사던 그날을 똑똑히 기억한다. 얼마나 많은 날을 그 사전을 보며 그곳에서 공부하기만을 바랐는지 그리고 얼마나 간절하게 원했는지 기억이 난다. 더불어 군 생활 간 내 꿈이었던 그 학교를 가기 위해 내가 뭘 포기하고 뭘 맞바꾸었는지도 말이다. 그렇게 세계 최고의 중동지역학 전문학교에서 전문가가 되기 위한 석사과정을 마칠 수 있었다.

동기부여 사전 외에도 난 동기부여 물건을 한 개 더 갖고 있다. 바로 그것은 이라크 파병을 안전하게 마치면서 쿠웨이트에서 같이 귀국길에 오른 "이라크 자유작전" 곰돌이 인형이다. 사실 이 인형은 앞서 말한 동기부여 사전과는 조금 다른 의미를 갖고 있다. 물론 인형 또한 과거의 나 자신이 생각했던 각오를 기억하기 위함은 맞지만 물질적인 것 보다 정신적인 목적이 강한 것이 조금 다르다. 그렇지만 공통적인 것은 현재나 미래의 내가 과거의 각오를 다졌던 그 시점으로 나를 데려다주고 다시 한번 나에게 동기를 부여해준다는 점이다.

나는 이라크 파병 준비 5개월과 파병생활 7개월의 마지막 의미로 생애 처음 인형을 샀고 "이라크 전우" 라고 개인적으로 부른다. 그냥 인형이었으면 아마 구입하지 않았을 것이다. 검정색 반달곰의 외모와 이라크전 당시 미군 사막 전투복을 입은 영락없는 파병 군인의 모습이다. 시작에서 끝까지 총 12개월의 긴 여정을 무사히 마치고 한국으로 돌아가기 전 들렸던 쿠웨이트 미군 캠프에서 우연히 본 인형은 왠지 나를 보는 것 같았다.

다시 오겠다고 이라크 친구들에게 말은 했지만 그게 언제가 되어 안전하게 다시 이라크로 돌아올지는 장담할 수 없었다. 앞으로 인생을 살면서 내가 스스로 한 결정이 과연 이라크행 보다 더 위험한 것이 있을까라고 생각하게 될 날이 올 것이다. 만약 살면서 이라크 파병보다 더 위험하고 두려운 결정을 하게 된다면 그날로 돌아온 미래의 나에게 다 견뎌낼 수 있다고 말해주고 싶었다.

어떤 물건을 보면서 그 당시 내가 했던 각오를 생각하며 행동에 집중하게 해줄 수 있는 것이 있다면 목표를 실행하는 데 있어 큰 힘이 될 것이다. 앞서 말한 것처럼 가고 싶은 대학이나 회사에 관련된 물건 등을 통해 동기부여가 된다면 그만큼 큰 가치는 없을 것이다. 그 누구보다도 나의 도전을 응원하고 지지하는 사람은 세상에 없다. 그 말은 생각이 많았던 그때의 나 자신이 도전의 중요성과 간절함에 대해 가장 잘 기억하고 있다는 말이다. 《나는 아마존에서 미래를 다녔다》란 책에서 작가는 이렇게 말했다. '자신에 대한 진정한 조력자는 그 누구보다 과거의 자신'이라고 말이다.

어떤 물건이나 장소를 보면 떠오르는 과거의 향수가 있다. 엄마의 김치찌개나 졸업한 학교 같은 것인데 이를 통해 우리는 향수에 젖어 그 시절 그 시간으로 돌아가는 느낌을 받는다. 반면에 우리는 과거가 아닌 미래의 도전정신을 불러일으키는 물건이나 장소가 필요할 때가 있다. 초심을 다지고 미래를 확언했던 그때 그 장소 또한 하나의 향수로 작용할 것이다. 도전에 성공한 미래의 나에게 거침없이 달려가게 해줄 나만의 향수, '동기부여 인형'을 만들어 보는 것은 어떨까?

절망 속에서도 희망을 잃지 마라.
희망만이 희망을 키운다.

이병철

4장

열정

재미없는 '필수'보다
재미있는 '선택'을 하라.

넘지 못할 장애물은 없다.

일 년에 온도차가 가장 많이 나는 계절은 여름과 겨울일 것이다. 보통 한국 여름 온도는 최고 35도 정도 되고 겨울 최저온도는 영하 20도 정도 된다고 생각해 보자. 자연에 의해 발생하는 일교차는 우리 몸을 많이 움츠리게 만드는 능력이 있다. 특히 한 여름 산속에서 맞이하는 아침은 쌀쌀하다 못해 춥지만 곧 점심때가 되면 에어컨 앞으로 달려가야 할 정도로 덥다. 2010년 7월 카이로에서 귀국하면서 영상 45도의 카이로 여름과 영하 25도인 화천의 겨울을 한 번에 경험했다. 머리로는 온도 차를 이해했지만 사실상 아프리카에 적응한 내 몸은 70도라는 온도 차를 쉽게 받아들이지 못했다.

너무 뜨거운 날씨를 경험한 나는 한국의 여름이 더 이상 덥지 않았다. 물론 그 다음 해가 되자 기가 막히게 적응해서 무척 더웠지만 말이다. 물론 더운 날씨였지만 심리적으로 덥다고 느끼지 못했고 몸에서도 땀이 많이 나지 않았다. 새로 부임해 간 화천에서의 여름은 그렇게 새로운 환경과 새로운 날씨에 적응하며 겨울을 향해 달려가고 있었다.

아직도 기억한다. 11월 1일에 눈이 엄청 내렸다. 야외 훈련장에서 공군 전투기와 다른 육군 부대들과 훈련을 하고 있었다. 11월에 눈이 내린다는 것에 잊고 있었던 모든 감각을 다시 떠올려야 했다. 늦가을의 눈을 경험한 나는 사실 그때부터 겨울이 두려워지기 시작했다. 뜨거움에 너무 익숙해져 있던 내 몸은 겨울이 다가오며 떨어지는 온도에 따라 심하게 추위를 느끼고 있었다.

그때쯤 이었던 것 같다. 군 생활 처음으로 내복을 입기 시작했고 등산용품점에서 두꺼운 패딩을 사서 입기 시작한 시기 말이다. 아프리카에 적응한 내 몸이 추워도 너무 추운 강원도 화천에 있다는 것 자체가 나에겐 시련이었다. 포대장이란 임무를 수행하며 많은 것에 적응해야 했고 넘어야 할 장애물도 많은 게 사실이었다. 그런데 정작 나는 다른 중요한 것도 아닌 추위 때문에 움츠려들어 걱정만 하는 것 외에 할 수 있는 게 없었다.

군에 처음 온 신병들이 정말 걱정하는 훈련이 몇 개 있다. 그중 혹한기 훈련도 포함이 된다. 물론 추운 날씨도 넘어야 할 장애물이지만 그 추운 날씨에 야외 훈련을 몇 시간씩 해야 하고 잠도 차가운 텐트 안에서 자야 한다는 게 사실 견디기 힘든 것이다. 보통 혹한기 훈련이란 것은 전술훈련의 목적을 달성하려 노력하지만 사실 혹한을 적응하는 훈련이 주기 때문에 추운 겨울에 야외노출을 피할 수 없다. 그게 바로 훈련의 목적이기 때문이다.

추운 것 하나만으로도 신체적 부상이 발생할 가능성이 내재되어 있다. 특히 땀이 나는 발이나 귀는 동상에 취약한 부분이라 할 수 있다. 어떻게든 부대 훈련 간 추위에 의해 발생 가능한 사고들을 잘 극복하고 성공적인 혹한 적응훈련이 되어야 한다는 생각에는 변함이 없었다. 다행히 부대에는 나 외에도 부대원들의 안전과 건강을 최우선시하는 많은 사람들이 있었기 때문에 큰 부담은 없었다.

내가 갖고 있는 가장 큰 걱정은 나 자신이었다. 점점 추워지는 겨울을 잘 버틸 자신이 없었다. 물론 닥치면 어떻게든 참고 이겨 내겠지만 그 당시 화천에서의 첫 겨울은 나를 한없이 작아지게 했다. 카이로는 겨울에도 보통 영상 15도 정도를 유지했다. 한국인들에게는 겨울에도 야외 활동을 즐겨할 수 있는 정말 좋은 날씨를 제공했다. 그런데 이젠 영하 15도를 넘어 곧 영하 25도가 되는 곳에서 살아가야 했다. 그냥 사는 게 아닌 업무를 수행해야 한다는 두려움은 내 몸을 더욱더 수동적으로 만들었다. 어느 순간 난 너무 춥다는 이유로 반드시 해야 할 야간 순찰 대신 따뜻한 곳에서만 있으려고 하는 내 자신을 발견했다. 무엇인가 대책이 필요했다. 이번 겨울만 지나가면 아무것도 아닌 일을 지금 난 너무 유별나게 적응하고 있다는 생각이 머리에서 떠나가지 않았다.

내 사무실에 들어가서 다이어리를 펴 한 문장을 적었다. "내 두 발이 닿는 모든 곳에서는 한 건의 인명사고도 일어나지 않게 해주세요."라고 말이다. 내 입으로 내뱉은 이후로 난 아무리 추워도 움츠러들지 않았다. 이 추위를 받아들이고 계속 움직여야 했다. 오늘 내 발길이 닿은 곳에선 아무런 불행한 일이 일어나지 않는다는 확신이 있었기 때문이다. 내 말대로 될 거라는 것을 믿고 있기 때문에 내 각오대로 안 할 수 없었다. 그렇게 매일 스스로에게 자기 최면을 걸었고 그 최면에 이끌려 자연스럽게 장애물을 넘어가고 있었다.

결국 난 화천의 매서운 첫 번째 겨울을 잘 이겨 냈고 우리 포대는 첫 혹한기 훈련을 안전하고 건강하게 잘 마무리했다. 살다가 극복하기 힘들다고 스스로 판단되는 것을 만난다면 적절한 대안을 찾으려 해야 한다. 만약 스스로가 대안을 찾거나 극복하기 힘들다면 내가 움직이지 않을 수 없는 나만의 '동기부여 방법'을 찾아야 한다. 내가 게을러 움직이지 않으면 안전과 건강상에 문제가 생길 것 같아 난 아무리 추워도 움직여야 했다. 난 그때 생긴 두 발의 동상과 내 동료들의 안전과 맞바꿨다고 오늘도 굳게 믿고 있다.

한 부대 100여 명 이상의 가장 큰 형인 포대장이란 직책을 맡으면서 부담이 없다면 그건 거짓말이다. 양쪽 어깨에 달고 있는 '녹색 견장'의 무게는 달아보지 않은 사람은 경험하기 힘들다. 100여 명의 안전과 건강부터 무사히 부모님께 돌려보내야 한다는 책임감이 중압감이 되어 1년 반 동안 내 머리, 가슴, 어깨에서 한 시도 떠난 적이 없다. 똑똑히 기억난다. 포대장을 끝내고 들어간 목욕탕에서 느꼈던 뿌듯하고 홀가분함을 그리고 왠지 모를 시원섭섭함을 말이다.

부대 구성원들이 다양하기 때문에 후배 장교들도 신경을 많이 써야 한다. 모두 자기 집의 귀한 자식들이라 아프거나 다치지 않고 집으로 잘 돌려보내거나 직업 군인으로서 인생을 잘 설계할 수 있도록 말이다. 포대장을 하면서 전입해 온 신임 장교 채 소위가 있었다. 물론 모든 장교가 그 시기를 거쳐 포대장에서부터 국방부 장관까지 되지만 특별히 열정과 밝은 표정이 맘에 들었다. 항상 웃고 있어 알지 못했던 근심거리를 우연히 알게 되었을 때 나 또한 많은 고민에 빠졌다.

열심히 하고 있지만 눈에 보이게 드러나는 결과물이 없는 게 군 생활이다. 특히, 계급이 낮을수록 본인을 어필하거나 상급자의 눈에 좋게 보이기는 사실상 더욱 힘들다. 가장하고 싶은 게 무엇이냐고 물어봤을 때 돌아온 답은 부대 '특급전사'라고 했다. 사격, 주특기, 체력, 정신전력 등 모든 평가가 특급이상을 유지해야 받는 자격으로 직업 군인이 되기 위한 초급 장교와 부사관에겐 그나마 쉽게 도전할 수 있는 최고의 경력이다. 변별력이 그리 크지 않은 그들에게는 서류상으로라도 경쟁의 우위를 보여줄 수 있는 거의 유일한 자격이기 때문이다.

채 소위는 열심히 준비했지만 사격결과가 좋지 못해 특급전사에 들어가지 못하는 상황이었다. 충분하게 사격의 여건만 보장된다면 가능한 일이겠지만 여러 사람들이 도와줘야 매일 사격을 하는 것이 가능했다. 바쁜 부대 사정을 고려해 사격훈련을 매일 한다는 것은 사실상 불가능했다. 몇 번의 고배를 마신 채 소위는 조금씩 의기소침해 졌고 나는 그런 채 소위가 사격이라는 장애물을 극복하고 자신감을 찾게 해주고 싶었다. 대대 작전과장을 찾아가 사정을 얘기하고 매일 오후에 난 승병이랑 사격장에서 사격을 하겠다고 알렸다. 사격 준비에서부터 사격 종료까지 사실 포대장인 나만 있으면 그리 큰 문제도 없는 것이어서 바로 실행할 수 있었다.

사격을 향상시키기 위해 주변 동료들도 많은 방법을 동원해 채 소위를 도왔다. 결국 채 소위의 사격 실력은 일취월장했고 영점 표적에 올려 둔 담배 한 개비까지도 맞출 수 있는 명사수가 되었다. 그 이후에 실시한 사단 특급전사에 당당히 합격했고 밝은 웃음과 자신감까지 찾을 수 있었다. 10여 년이 지나서도 채 소위는 통화할 때 그 때 얘기를 한다. 그때 내가 도와줘서 자신감도 찾고 특급전사도 되었고 결국 직업 군인의 길을 걷게 된 것이라고 말이다. 그러나 확실한 것은 난 기회만 제공했을 뿐이고 결국 장애물은 본인의 열정과 노력으로 넘었다는 것이다.

주어진 삶을 살다 보면 어렵지 않게 장애물을 만난다. 쉽게 넘어갈 수 있는 장애물이 있는 반면 혼자 넘지 못해 도움을 요청해야만 하는 장애물도 있다. 불가능이란 벽을 마주했을 때 우리는 생각을 바꿔 볼 필요가 있다. 온전한 나의 힘으로 넘어서기 힘들다면 넘지 못했을 때 마주하게 되는 가족이나 동료들의 얼굴을 생각해 보자. 나에게 숨겨졌던 또 다른 힘이 나를 이끌어 줄 것이다. 그래도 안 된다면 주변 사람들과 고민을 나눠보자. 평소 어렵다고 생각한 사람에게서 생각지도 못한 도움을 받을 수도 있다. 세상에 넘지 못할 장애물은 없다. 때론 혼자 빨리 가는 것보다 여럿이 멀리 가는 것을 선택해야 할 때도 있다.

> 잘못을 찾지 말고, 해결책을 찾아라. 불평은 누구나 할 수 있다.
>
> 헨리 포드

자만과 겸손은 세트처럼 찾아온다.

우린 행복을 만끽하면서 가끔 “이렇게 행복해도 되는 건가?”란 부정적인 생각이 불현듯 들 때가 있다. 학비도 비싸고 입학하기도 힘들다던 학교에서 공부도 하고 있고 내년이면 드디어 학위도 받을 수 있다는 생각에 정말 행복한 나날을 보내던 어느 날이었다. 이미 학교생활은 적응했고 논문에 들어갈 내용도 거의 다 조사하고 확보한 상태였으니 말이다. 그렇게 오감이 발달하지 않은 편인데도 가끔 찾아오는 불길한 생각은 빗겨나가지 않을 때가 있다. 특히 행복할수록 불행은 그 행복과 동반되어 찾아온다.

멀리 한국 본부에서 좋지 않은 소식이 들려왔다. 원래 계획되어있던 것보다 1년 일찍 진급 대상자가 된다는 것이었다. 그 말은 학위 교육 후 별다른 업무적 성과 없이 동기들과의 경쟁 구도에 던져진다는 것을 의미했다. 그도 모자라 1년 선배들과도 함께 간접 경쟁을 해야 한다는 말이기도 했다. 매년 소령 진급 선발에 예산이 정해져 있으니 예년에 비해 적은 수의 동기들이 진급하게 된다는 의미기도 했다.

그 당시 절정의 행복감에 취해 있던 나는 이 소식에 민감하게 반응할 수 없었다. 우선 한국은 멀고 카이로의 현실이 가까이 있다 보니 고민한다고 당장 해결할 방법도 없었고 당장 학업을 그만두고 귀국할 수도 없는 노릇이었기 때문이다. 내게 주어진 것은 지금의 현실에 충실하고 언제가 될지 모를 진급의 기회를 예상해 보는 것이 전부였다. 나 스스로가 너무 행복하다 보니 겸손하게 현재 주어진 학위과정에 집중하란 의미로 받아들였다. 해결책 없는 고민을 오래 할 필요 없이 당시 주어진 학위교육에만 집중했다.

20대 때 계획 중 하나였던 학위교육을 결국 30대에 성공적으로 마무리한 나는 자신감도 자존감도 하늘을 찌르는 상태로 귀국했다. 내 나름 전문분야에 이름을 올렸고 명문이라는 곳에서 공부했다는 생각에 스스로를 대견해 했다. 이라크에서 아르빌주 정부 관료들과 주민들을 만나며 현장 긴장감을 피부로 느꼈다. 게다가 이집트에서는 영어와 아랍어가 둘 다 필요한 학위과정을 성공적으로 마친 나는 더 이상 못할 것이 없다고 생각했기 때문이다.

나만의 자신감과 자만심은 귀국 후 새로운 근무지에 도착하면서 산산이 깨어졌다. 내 경력에서 단연 으뜸이라 생각했던 이라크 파병과 이집트 유학은 실제론 내 앞을 가로막는 방해물처럼 취급 받았다. 포병과 상관없다는 비상식적인 이유로 지난 6년간의 이라크와 이집트에서의 실적들은 철저하게 무시 받았고 동료들로부터 비난을 받아야 했다.

사실 모든 것이 상관없지는 않았다. 당시 이라크전 이후로 한국군에서는 급조폭발물(IED)에 대한 관심과 훈련이 많았다. 그렇지만 이라크에서 직접 보고 위력을 실감했던 나의 경험적 요소들은 사실 IED가 먼지도 모르는 연대 정보과장에 의해 차단당했다.

나의 값지고 힘들었던 경험들을 부대에서는 자만이라고 불려 이라크와 이집트에서 배운 모든 것을 당분간 잊어야 했다. 중동지역전문가가 되어 내가 잘하는 일을 하겠다고 다짐했지만 모든 사람들은 쓸데없는 일을 했다고 얘기했다. 중동과 관련된 얘기를 꺼낼 때마다 돌아오는 시선은 스스로 잘난 척하는 사람처럼 취급받아야 했다. 예전처럼 나의 목적달성을 위해 다시 한번 참고 인내해야 했다. 과거의 얘기들을 꺼내지 않아야 동료들은 내가 겸손해 졌다고 인정했다. 난 겸손으로 가장하여 자만이라 불리던 내 경험들을 스스로 잘라내는 인고의 시간을 견뎌내야 했다.

보통 새로운 부대에 전입을 하면 이전에는 어디에서 근무했는지 물어보는 과정에 내 얘기를 안 할 수 없다. 사실 물어본 사람이 있어 대답하는 것이지 지나가는 사람을 불러 세워 내 얘기를 들려주는 사람은 없다. 질문은 본인들이 하면서 대답한 나는 잘난 척한다고 말한다는 게 정말 아이러니했다. 물론 이것보다 더 놀라운 것은 해외 유학파라는 이유로 근무해야 하는 부대가 바뀌었다는 것이다. 그 뒤로도 20년을 하면서 한번 도 경험해 본 적 없는 정말 새로운 경험이었다.

외국에서 공부를 하고 왔기 때문에 현실감이 없어 부대 근무를 잘

하지 못하리라 판단한 모 부대장의 보이콧으로 나는 바로 옆 부대에서 3개월 동안 사무실 없이 떠돌아다니며 더부살이를 해야만 했다. 그 나이 그 연배에서 어떻게 그런 생각을 할 수 있을까라는 의문이 들었지만 그 또한 나의 목적지를 가는 단순한 과정이라고만 생각했다. 어차피 군대의 특성상 일정 기간이 지나면 좋은 사람도 나쁜 사람도 내 눈앞에서 사라지기 마련이라는 생각을 하면서 말이다.

"국적 세탁"이란 말을 들어봤을 것이다. 옳지 못한 목적으로 새로운 국적으로 바꾸는 일을 말한다고 사전은 설명한다. 더이상 자만이라는 소리를 듣지 않으려면 방법은 단 하나뿐이었다. 즉 시간이 약이었으니 몇 년 동안 몇 가지의 직책을 추가로 하면 더이상 내가 이라크와 이집트에서 했던 일까지 물어보지 않게 된다는 것이다. 즉, "경력 세탁"이 필요한데 이것은 국적 세탁처럼 경력을 바꾸는 것이 아니다. 보통 새로 만나면 3개 정도의 이전 경력을 물어보기 때문에 3개 이상의 경력을 쌓으면 자연스럽게 그 이전의 경력은 모르게 된다는 것이다.

포병부대에서 근무하고 난 후 나는 사단의 교육훈련처에서 훈련지원장교와 교육장교로 근무했다. 사단에서 일하며 처음 만난 동료들은 나에게 물어본다. "이전에 어디서 근무했어? 그 전엔? 그 전엔?"이라고 말이다. 보통 세 번 이상 물어보지 않는다. 서로 바쁘고 이 정도면 형식적인 인사로 충분하기 때문일 것이다. 난 더이상 이라크와 이집트를 얘기할 필요가 없다. "포병연대 정보과장, 대대 군수과장, A포대장" 이라고 말하면 되지 더이상은 필요 없기 때문이다. 이쯤 되면 그전에 동료들이 봤던 내 잘난 척은 사라지고 내 평범함만 보게 된다. 이제 경력이 세탁되었고 드디어 난 겸손해진 것이다.

모든 과정이 계획대로 흘러간다면 세상에 인간은 없을 것이다. 인간인 나는 목표를 정하고 여러 가지 방법 중 맞는 것을 골라 최종 목적지에 도달하기만 하면 된다. 최종 목적지를 향해 전진한다면 때론 방황하고 돌아갈 수는 있지만 절대 길을 잃지는 않는다. 길을 잃지 않고 전진하기 위해선 우선 명심해야 할 것이 있다. 내가 지금 어디로 향해 가는 지를 반드시 기억해야 한다. 주변 동료들의 시기와 질투에서 유발되는 방해 등을 온 몸으로 흡수하지 말고 가볍게 튕겨내면서 눈은 항상 목적지를 응시해야 한다는 말이다.

어떤 모습이든 자만과 겸손은 함께 한다. 주변을 전혀 보지 못하고 스스로의 덫에 걸린 진정한 자만이건 주변에서 배가 아파 걸어준 의도치 않은 지만이긴 간에 말이다. 어떤 이유로든 내가 자만에 빠지면 빠져나오는 길은 단 하나 바로 겸손뿐이다. 나 스스로의 선택이든 타인의 선택이든 간에 겸손을 통해 자만에서 나와 내가 가야 할 목적지로 계속 향해야 한다. 명심하자 내가 원하지 않더라도 내 자신이 자만이라는 늪에 빠졌다면 늪에 왜 빠졌는지보다는 어떻게 늪에서 나갈 것인지를 가장 먼저 생각해야만 한다. 내가 왜 늪에 빠졌는지는 나를 늪에 빠뜨린 사람만 알기에 그 이유를 알기 위해 쓸데없는 시간을 낭비할 필요가 없기 때문이다.

신이 천지창조의 맨 마지막 날에 사람을 만든 것은

교만함을 없애기 위해서다.

탈무드

필요하다면
익숙한 방에서 탈출하자.

새해가 되면 많은 사람들이 건강을 생각하며 다이어트 계획을 세운다. 자연스럽게 해야 할 운동 리스트와 먹어야 할 식단 리스트를 작성해 가며 목표를 향한 열정을 표현한다. 며칠 열심히 하겠지만 곧 포기하고 본인들의 일상으로 돌아가며 다이어트는 작심삼일로 끝나고 만다. 《부자 아빠 가난한 아빠2》에서 목표를 이루기 위해서는 "하는 것"이 아닌 "되는 것"을 선택해야 함을 설명한다. 즉, 본인이 계획했던 다이어트를 그냥 하는 사람이 아닌 다이어트를 할 수 있는 사람이 되어야 함을 의미한다. 지금까지 실패했던 익숙한 생각을 버려야 다이어트를 성공할 수 있다.

아무리 바뀐 환경이 필요하더라도 익숙함을 버리기는 쉽지 않다. 익숙함이 주는 장점 같은 것이 있기 때문인데 가령 '똥개도 자기네 동네에서 반은 먹고 간다.'라는 말이 제격일 것이다. 만약에 동네에 똥개가 많다면 어디 가야 뭐라도 먹을 것이 생기는지 알기 때문에 편안하고 익숙한 동네에서 순번을 기다리며 살려고 하는 것이다. 물론 본인에게 익숙한 동네이고 본인이 먹을 순서임에도 특별한 이유가 있어 그 기회를 얻지 못할 수 있다. 그럴 땐 굳이 그 똥개는 자기네 동네에 있을 필요 없이 밥을 더 잘 얻어먹을 수 있는 곳으로 당연히 이동하게 된다.

포대장이 끝나갈 무렵 다음 보직에 대한 고민을 해야 했다. 어디로든 이동을 해야 하는 상황이었고 곧 있을 진급을 위해 조금 더 유리한 곳으로 이동하고자 필요한 고민이었다. 사실 어디로든 이동하기 힘든 시기인 1월에 포대장을 끝내서 사실 큰 기대를 할 상황이 아니었다. 게다가 이집트 유학 당시 결정되었던 진급 시기 조정에 의해 동기, 1년 차이 선후배들 또한 이동할 자리가 쉽게 나오지 않았다. 더군다나 난 포병에서 떠나 공부하고 근무하다 온 무늬만 포병이란 뜻의 "돌포"라고 불려 더 기대하기 힘들었다.

그렇다고 자리에 머물러 있거나 포기할 생각은 없었다. 처음부터 나 자신 말고 그 누구로부터 혜택을 받아 국방어학원도, 파병도, 해외 유학도 갔다 온 게 아니었다. 연금을 받기 까지 최소 한 번의 진급만 더 하면 되는 상황이었고 이 한 번의 기회를 어떻게든 기다려 잡아야 했다. 해외 유학 후 활용 측면에서 곰곰이 생각해 보니 '진급 여부'의 문제보다는 '진급 시기'의 문제라는 생각이 들었다. 진급은 할 것 같은데 거의 마지막에 될 것 같다는 생각이 들기 시작했다. 앞에서 끌어 주는 강한 조직력이 없다 보니 '립서비스' 받는 것을 제외하곤 누구에게서도 실질적인 도움을 받는 것을 기대할 수 없었다.

한 번의 기회를 잡기 위해 기다리기로 결정했다. 일단 동네 똥개가 되어 순서를 기다려야 했다. 그게 우선 내가 할 수 있는 방법이었고 그게 실패한다면 다른 동네 똥개가 되어 다시 순서를 기다려야 했다. 만약 이 두 번의 기회가 지나간다면 국방부에서의 내 도전은 거기서 끝이 나게 되는 것이었다. 난 '피할 수 없으면 즐겨라!'란 말을 좋아한다. 수동적으로 해석해서 어쩔 수 없으니 즐겁게 하라는 단순한 뜻이 아니다. 피할 수 없는 상황이 오면 내가 즐길 수 있는 것을 하란 말이다.

포대장하며 병력관리, 교육훈련, 화력대기 등 많이 지쳐 있어서 휴식이 필요했다. 물론 내 동기와 후배들은 앞으로 달려가겠지만 난 달릴 곳이 없었기 때문에 그렇게 어려운 결정은 아니었다. 대대 군수과장으로 가기로 했지만 당시 대대장님은 완강히 말리셨다. 내 특기에 맞게 다시 해외 근무를 통해 막혀있던 길을 뚫어보라는 의미에서 말이다. 좋은 충고였고 방법이었지만 "외국에 나갔다 한국에 다시 들어와서 자리 잡기는 사실상 불가능하다."라고 내 뜻을 전하고 군수과장으로 근무하는 것으로 최종 결정했다.

'피할 수 없으면 즐겨라'보다는 '피할 수 없으니 즐겨라'가 맞는 표현이었다. 군수과장으로 일 년을 근무하며 지쳤던 몸도 마음도 되찾기로 마음먹었다. 여름에 비가 많이 오거나 겨울에 눈이 많이 오는 것을 제외하고는 정상 출근과 정상 퇴근을 할 수 있었다. 나에게 온 피할 수 없는 상황을 난 마음껏 즐겼다. 정말 가족들과 함께 6개월이라는 기간을 즐기자 포병연대에서 근무 할 기회가 왔고 망설임 없이 포병연대로 출근해 6개월을 일했다. 이미 진급한 1년 후배의 후임이 되기 위해 노력한 6개월이었지만 결국 그 기회가 내게 오지 않았다.

첫 번째 방안인 동네에서 똥개가 되는 방법은 사실상 불가능하다고 생각을 했고 다른 동네의 똥개가 되기 위해 이동하는 두 번째 방안을 선택해야 했다. 그나마 3년간 있으면서 모든 것이 익숙해진 동네를 떠나 다른 동네로 간다는 것은 큰 부담이었다. 사실 그 시기의 인사이동은 도박이라 할 수 있었다. 보통 그 누구도 이 시기에 근무지를 바꾸지 않는다. 1~2년이라는 단기간에 새로운 업적과 인간관계를 형성하기 정말 힘들기 때문이다. 그렇다고 똥개로 순서만 기다리다 먹을 것을 얻지 못하는 선배들처럼 마냥 기다릴 순 없었다.

3년간 쌓아온 경험을 일부 활용할 순 있지만 90%의 다른 업무를 해야 하는 곳으로 이동했다. 사단 훈련지원장교로서 모든 부대의 교육용탄을 관리하며 직할부대의 교육훈련을 돕는 일을 하게 되었다. 모든 것이 새롭고 배워야 할 것이 많았지만 익숙함을 버리고 내 목표를 향한 도전을 계속해 나가야 했다. 신병교육대 주·야간 훈련, 사격, 행군 등 새로운 것들에 익숙해 져야 했고 포병이 아닌 보병의 곡사화기 점검, 평가 등에도 익숙해져야했다. 새로 온 동네에서 1년간 근무하고 내년엔 나에게 오는 마지막 기회를 잡아야 했다.

사람이 모든 것을 가질 수 없겠지만 근무하면서 느낀 점은 모든 것을 갖고 싶어 한다는 것이었다. 나에게 오는 마지막 기회로 소령으로 진급하고 아무런 미련 없이 또 다른 계획을 실행하러 가야 했다. 1년의 기다림 끝에 드디어 나에게 처음이자 마지막 기회가 왔다. 2년간 근무하면서 많은 분들이 도와 주셨지만 당시 교훈참모였던 선배님의 적극적인 도움으로 긍정적인 업무와 인간관계의 평가를 받을 수 있었고 결국 소령 진급을 하게 되었다. 다른 사람에게 관대하고 긍정적인 요소였던 국방어학원 교육, 이라크 파병, 이집트 유학 등의 커리어는 나에겐 모질고 부정적인 요소로 작용했다.

비록 3년 후배들과 같은 해 진급을 했지만 진급이 목표가 아니었던 나는 진급이 되자마자 2년여간 미뤄 뒀던 다음 도전과제를 위해 움직였다. 바로 3사관학교 교수로 이동하기로 마음을 먹었다. 예전부터 3사관학교 순환 교수로 가고자 했으나 진급을 먼저하고 가려고 계획을 조정했었다. 비록 2년 정도 늦게 가게 되었지만 지금 돌아보면 진급을 늦게 한 것이 오히려 나에게 더 좋은 경력을 안겨 준 셈이었다.

처음엔 영어나 국제관계, 또는 역사학과 교수로 가려고 생각하고 있었지만 진급이 늦어진 관계로 2014년에 드디어 3사관학교로 갈 수 있었다. 때마침 희소식이 전해졌고 그것은 2014년부터 아랍어과가 생겨 아랍어 교수로 갈 수 있게 되었다는 것이었다. 사실 아랍어 교수는 꿈도 꾸지 않았다. 그 전에 어디에서도 아랍어를 정식으로 가르치지 않았기 때문에 내가 전공한 국제정치나, 국제지역학 관련한 학과로 지원하려 한 것이었다. 진급이 늦어 다음 단계였던 지휘참모대나 3사관학교 교수로의 이동을 못 해 답답했는데 오히려 늦게 진급한 것이 나에게 큰 기회로 다가왔다. 난 3사관학교에서 최초로 아랍어 교수가 되어 전공과목과 커리큘럼을 직접 만들었고 생도 52기와 53기를 직접 가르칠 수 있는 기회를 얻었다. 2년 근무 후 내가 이집트 지휘참모대로 해외 근무를 가면서부터 후임 교수가 없어 예상대로 최초이자 마지막 정통 아랍어 교수가 되었다.

살다보면 그 어느 누구의 도움 없이 나 스스로가 중요한 것을 결정하며 살아가야 한다. 나또한 오로지 스스로가 이 거대한 조직사회에 먹히지 않고 내 자신을 지켜가며 내 도전만을 성공시키기 위해 노력해 왔다. 나처럼 조직의 혜택을 즐기며 살든 조직에 흡수되어 살든 그 차이는 사실 단 한 계단 차이이다. 대부분은 알고 있는 그 차이를 자신은 아닐 것이라는 부정만 하다 너무 늦게 결국 인정하고 만다. 조직 안이든 밖이든 내가 필요한 것을 얻기 위해선 편하다고 느꼈던 동네를 너무 늦지 않게 벗어날 준비를 해야 한다. 서서히 끓는 물속의 개구리는 자신이 위험한줄 모르고 유영하다 결국 죽게 된다는 걸 명심해야 한다.

동물원에서 우리라는 공간은 호랑이에게 편안함과 안전함을 제공한다. 우리 안에는 배불리 먹을 것도 편하게 잘 곳도 있으니 별다른 이유가 있지 않은 이상 굳이 우리 밖으로 나갈 필요가 없다. 만약 더 이상 먹을 것이 없다고 생각된다면 호랑이는 어떻게 할까? 만약 더 이상 우리 안이 안전하지 않다고 생각된다면 호랑이는 어떻게 할까? 우리 안에 더 이상 먹을 것도 없고 안전도 보장받지 못한다고 느끼면서 우리 안에서 계속 먹이를 기다릴 호랑이는 없다. 안전한 곳을 찾고 배불리 먹을 먹이를 찾기 위해 우리 밖으로 나가야 하기 때문이다.

앞서는 것의 비결은 지금 시작하는 것이다.

마르쿠스 골드만

어차피 될 일은 된다.

"불가능은 없다!"라는 말을 심심치 않게 사용한다. 살면서 쉽게 넘어서지 못하는 어려운 일을 만나 넘어서야 할 용기가 필요할 때 우리는 이 말을 자주 사용한다. 정말 불가능이 없다는 얘기보다는 마주한 난관을 헤쳐나가기 위한 의지를 다지기 위한 주문이라 생각한다. 그렇다면 능력이 없어도 주문만 외우면 다 얻을 수 있다는 말인지, 아님 주문을 외우기 위해선 능력이 반드시 필요한 것인지에 대해서도 궁금증이 생길 수 있다. 확실한 것은 불가능이란 난관을 넘어설 수 있다고 믿는 긍정적 마인드와 행동으로 옮기는 적극성이 해답이란 것이다.

능력의 유무와 주문사용의 여부를 떠나 "될 사람은 된다."라고 말하고 싶다. 이 말을 누군가는 동의하고 또 누군가는 동의하지 않을 것이란 것을 잘 안다. 오로지 노력으로 모든 것이 결정된다고 믿는 사람이라면 특히 더 행운이나 요행이 중요한 것 같은 이 말투에 동의하지 못

할 것이다. 나 또한 무조건 이 말이 옳다고 할 수 없겠지만 난 사람은 저마다 갖고 있는 쓰임과 행운의 양이 다르다는 것을 확실히 인정한다. 지금까지 20년간의 직·간접적 경험을 바탕으로 봐서도 확실히 그렇다고 믿는다. 물론 경우에 따라 그 행운이 언제까지 함께해주느냐가 소위 말하는 성공의 끝이 아닌가 하고 생각한다.

혹시 '운칠기삼'이라고 들어봤을 것이다. 어떤 일을 하여 성공을 함에 있어 행운이 7할이며 능력은 3할이라는 말이다. 나 또한 초임 장교로서 파주에서 근무할 때 정말 많이 들어본 말이다. 같이 근무하게 된 선배들은 항상 입버릇처럼 이 말을 입에 달고 다녔지만 개인적으론 너무 무능함을 인정하는 것 같아 이 말을 믿지도 사용하지도 않았다. 어떻게 실력이 아닌 요행을 통해 성공하려 하냐는 아주 단순한 생각에서 시작된 반감이었다.

반감보다는 그러한 현실을 부정하기 위해 믿지 않으려 노력한 것 같다. '제발 나는 그런 일로 피해를 보는 일은 없었으면 좋겠다.'라는 의미의 주문이었던 것이다. 될 사람은 된다는 말은 긍정적인 말과 부정적인 말 둘 다 포함한다. 우선, 된 사람의 입장에서 본다면 강한 확언을 주는 긍정적인 주문임은 틀림없다. 반면에 될 사람이 되지 못한 사람의 입장에서 본다면 나는 노력을 해도 될 리가 없다는 부정적인 의미도 포함하고 있다.

긍정적인 의미이든 부정적인 의미이든 간에 될 사람이 되는 것은 이상하지 않다. 정말 중요한 것은 될 장소가 여기가 맞는지, 혹시 다른 곳은 아닌지를 잘 판단해야 한다는 것이다. 될 사람이 아니라고 해서 내 자신을 탓하거나 포기하는 것은 옳지 않다. 그 누구도 될 사람이 누군지 알려주지 않지만 될 장소가 여긴지 아닌지도 알려주지 않는다. 즉, 내가 원래 될 자리도 될 사람도 아닌 잘못된 번지수에 와서 성공을 찾고 있을 수 있다는 말이다.

포대장 임무를 시작하면서 인원, 장비, 탄약 등의 실셈(모든 것을 직접 세어보는 것) 인계인수는 반드시 해야 하는 필수요소이다. 인원이나 장비는 사실상 실셈이 가능하지만 문제는 실셈에 제한이 있는 탄약고 안에 높이 쌓여있는 탄약박스 같은 것이다. 언제부터 탄약고 안에 있었는지 그 안에 정확하게 기재된 탄약이 있는지 사실 알지 못한다. 물론 의욕이 넘치거나 시간이 넘치는 포대장들은 탄약고 내의 모든 탄약박스를 보겠지만 실제로 제한된 시간 안에 다 본다는 것은 불가능하다. 그저 내가 근무하는 동안에는 아무런 문제가 발생하지 않기를 바라는 게 더 정확한 표현이라 할 수 있다.

불행하게도 만약 내가 포대장으로 근무 중에 탄약고 실셈 조사가 이뤄졌고 그 결과 탄약 한 박스가 비어 있는 상태로 발견되었다고 하자. 실제로 외관으로는 새 탄약박스 같았고 언제 그 안의 탄 실셈을 했는지는 그 누구도 아는 사람이 없는 상황이라면 나는 어떻게 될까? 답은 간단하다. 언제 실셈을 했는지, 언제 없어졌는지 조사는 이뤄지겠지만 핵심은 내 근무 중에 없어진 탄약에 대한 책임을 내가 져야 한다는 것이다. 그 이유는 당연히 내가 인계·인수서에 서명했기 때문이다.

탄약 실셈 결과를 부정하기 위해 소설 같은 이 예를 든 것이 아니다. 많은 포대장이 거쳐서 갔고 또 많은 포대장이 거쳐 갈 건데 왜 하필 내가 근무할 때 탄약 실셈이 이뤄진 것일까에 대한 궁금증 때문이다. 누군가 알고 나를 음해하려 한 것이라는 가능성은 희박하기 때문에 그렇다면 이 모든 것은 운칠기삼, 안될 사람은 안 된다는 공식에 적용하는 것 외엔 이해하기 힘들다. 만약 업무 중에 할 때마다 그리고 하는 것마다 운이 없다고 생각이 든다면 여기서 난 될 사람인지, 이곳이 될 곳인지를 곰곰이 생각해봐야 한다. 아마 나의 될 곳을 빨리 찾아가라고 알려주고 있다는 생각이 들기 때문이다.

우리는 일을 하면서 상당한 지위에 올라간 사람 중에 어떻게 지금까지 살아서 저 자리까지 올라갔을까 하는 사람들이 있다. 물론 그 누구든 한계는 있지만 지금 당장은 그 사람의 한계는 아니라는 것을 우린 알고 있다. 생각해보면 업무에 그렇게 특별한 능력은 없는 것 같고 그렇다고 딱히 잘하는 분야가 있어 보이지 않는데도 말이다. 그렇지만 그 사람은 지금 상당한 자리에 올라 동료들에게 성과를 내라고 닦달해대고 있다.

업무로 승부를 보려 하는 것이 가장 멍청한 일이라는 말을 종종 듣는다. 보통 이렇게 말을 할 때는 업무는 기본이고 조직 내 관계를 돈독하게 유지해야 원하는 자리를 얻을 수 있다는 얘기이다. 이 말은 한국 사회가 갖고 있는 조직 내 탁월한 업무 능력보다는 내부 관계로 의해 많은 것들이 결정되고 있다는 말이기도 하다. 다른 팀 동료들은 물론이고 내 팀 동료들에게서도 마저 인정받지 못하지만 상급자와의 좋은 관계를 유지해 본인의 이득을 챙기는 경우가 생각보다 많기 때문이다.

물론 가장 중요한 것은 본인보다 하급이나 후배 직원들이 아닌 상급이나 선배 직원들과의 관계가 좋다는 것이 핵심이다. 그렇다고 이 관계가 노력에 의해서만 전적으로 형성된다고 할 수도 없다. 본인이 갖고 있는 천성과 노력해서 얻을 수 있는 모든 것이 포함된 7할의 행운이 작용했다고 볼 수밖에 없는 것이다. 그 누구도 왜 잘 되는지 알지 못하지만 잘되는 사람은 계속 잘 된다. 물론 그 한계는 반드시 존재하지만 말이다.

회사에서 제공하는 모든 복지혜택을 1등으로 받아가는 사람이 있다. 기관 위탁 교육이나 수당이 많은 파견 근무 같은 것들 말이다. 회사에서 제공하는 기회만으로 본인의 역량을 한 층 발전시키기엔 두 말할 나위 없이 좋은 기회이다. 교육, 복지, 자기계발 등의 기회를 최우선으로 잡는다고 쳐도 그 회사에서 난 될 놈이 아닐 수도 있고 그 회사가 될 곳이 아닐 수도 있다. 최선을 다해 노력하겠지만 내 운의 한계도 반드시 존재한다는 말이다. 그럴 때 절망하라는 게 아니다. 앞으로의 내 운이 통할 장소를 찾고 될 사람이 되고자 노력해야 한다는 말이다. 그것만 제외하곤 우리는 이미 충분히 적극적이고 긍정적이기 때문이다.

내 동기들은 내게 항상 "육군에서 관리하는 장교네~"라며 진담 반 농담 반으로 얘기했다. 그만큼 자기계발을 통해 전문가가 되기 위해 잠을 줄여가며 정말 노력을 많이 했다. 전문가 집단이라 불리는 군이지만 난 그 속에서도 "진짜 전문가"가 되고 싶었다. 5년, 10년 이 지나며 내 목표에 한발씩 다가갈수록 내 다짐은 확고해졌다. 20년이 되어 내 목표가 달성되면 뒤도 돌아보지 말고 나가려 했다. 내가 경험한 대로 "내가 될 곳을 찾고 난 될 사람"이 되려고 말이다. 어차피 될 일은 다 되고 될 사람은 다 된다. 다만 나에게 될 일인지, 여기가 내가 될 곳인지를 모를 뿐이다.

> 옳다고 믿으면 끝까지 밀고 나가라.
>
> 마크 주커버그

주변의 시선에 흔들리지 않는 법

켈리 최의 《웰씽킹》에 보면 작가는 본인이 나아가야 할 길을 새롭게 개척하는 것으로 책을 시작한다. 절박하고 힘든 순간에 포기하지 않고 과거의 내가 부족했던 점을 새로운 내가 되어 채워 나간다. 본인이 되고 싶고 닮고 싶은 부자들을 공부하고 완전히 닮아 가려 노력했고 그 결과 5년 만에 목표했던 것을 이뤄내고 만다. 닮고 싶은 부자들의 모습을 완벽히 채득하면서 나의 목표에 도달한 내 모습을 그려 본다면 바라던 삶에 가까워 질 수 있다고 얘기한다.

지금의 나보다 한 단계 이상 성장하기 위해서 가장 먼저 해야 할 것은 아마도 자신에 대한 냉철한 판단일 것이다. 갖고 있는 장점은 무엇인지 채워야 할 부족함은 무엇인지를 알아야 지금보다 더 나은 미래의 내가 되기 위해 노력하고 부족한 부분을 채울 것이다. 스스로 객관적이고 확고한 자기 성찰을 한다면 주변에서 들어오는 어쭙잖은 훈수에 마음을 다치거나 흔들리는 일은 절대 없을 것이다. 지금 우리에게 해주는 훈수는 깊이 있게 생각하고 말하는 게 아니라 일시적이며 즉흥적으로 말한다는 것을 확실히 알아야 한다.

즉, 다시 말해 본인의 삶도 예상하지 못하는 사람들이 남의 삶을 위한 정확한 판단이나 조언을 한다는 것은 불가능한 것이다. 경기도 파주의 첫 부대에서 근무할 때 옆 부대에는 나보다 2년 선배 1명이 있었다. 권위의식이 가득 차 있고 후배들의 인권엔 관심이 없던 그 당시 보통의 선배들이었다. 하루는 내 방에 와서 내 책꽂이에 있는 아랍어책을 보며 '저런 책은 아랍어 실력이 없는 사람들이 보는 책이다.'라며 다짜고짜 나에게 시빌 걸기 시작했다. 때리면 맞아야 할 시대였던 지라 아무런 대답 없이 그냥 앉아서 듣고 있었다.

본격적인 대화는 그다음에 시작했다. "이라크 파병 갈 수 있다면 갈 거냐?"라고 물어봤고 난 당연히 지원할 것이라 대답을 했다. 군 생활 20년에 대한 계획을 다 세워 뒀던 터라 아주 진지하게 대답했다. 그런데 돌아온 답은 '우리나라가 파병을 가겠냐? 파병을 가게 되더라도 너처럼 짬밥이 되지 않는 애들은 못가니 포기해라.'라는 것이었다. 물론 그 당시엔 나보다 2년 선배라 가만히 있었지만 지금 생각해 보면 서로 아는 것이 없는 것은 마찬가진데 참 선배 노릇은 하고 싶었나 보다.

이라크 파병에 대한 얘기가 미디어를 통해 나왔지만 세부적인 선발이나 파병계획에 대한 내용은 아직 나오기 전이어서 그런 반응도 틀린 것은 아니었다. 중요한 것은 스스로 생각해봐서 경험해 보지 못한 사람의 입에서 나온 말들은 가볍게 무시해도 된다는 것이다. 시간이 지나 지금 생각해 보면 고작해야 2년 위의 선배 수준에서 알 수 있는 게 절대 없다. 근데 뭔가 알고 있는 것처럼 뭔가 힘이 있는 것처럼 보이고 싶어 하는 영양가 없는 선배들은 어디에나 있다.

이집트에서 중동지역학 석사학위를 받고 강원도 화천에서 포대장을 할 때였다. 포병연대에서 근무하던 3년 차이나는 선배 2명이 있었다. 지금 생각해봐도 고작 3년 차이밖에 나지 않는데 마치 본인은 어른이고 나는 어린인 줄 아는 그런 선배였다. 과거 내가 했던 모든 것과 앞으로 내가 할 모든 것들을 이미 잘못한 것이라고 단정 짓고 있었다. 본인들과 다른 길을 가는 나에 대해 아무것도 모르면서 조언이라고 하는 그 오지랖과 비난은 세계 최강이었다. '어디서 그렇게 배웠냐?, 앞으로 그렇게 생활하지 마라, 그렇게 군 생활하면 넌 나처럼 소령 진급 못 한다.' 오로지 본인들만 조언이나 충고라고 주장하는 말들을 쏟아 낸다.

"호랑이에게 물려가도 정신만 차리면 산다."란 말처럼 주변의 근거 없고 영양가 없는 말들로부터 중심을 잡고 버텨야 한다. 순간 정신을 놓치면 지금까지 한 모든 계획은 더 이상 진행할 수 없게 된다. 내가 주변에서 쉽게 만나고 대화를 할 수 있는 사람들은 나보다 훨씬 수준 높은 사람들이 아니다. '유유상종'이란 말처럼 그렇게 큰 차이가 없는 비슷한 수준의 사람들과 밥도 먹고 회의도 하고 얘기도 한다는 말이다. 즉, 비슷한 수준의 상대에게 너무 기대하지 말고 예의상으로만 조언을 구한다면 동료들과의 관계도 그리고 내 목표도 얻기 쉬울 것이다.

자기 일이 아니라고 막말을 일삼는 사람들에게는 몇 가지 특징이 있었다. 그 중 대표적인 두 가지에 대해서만 얘기를 하고 싶다. 물론 위에 언급되지 않은 비슷한 성향의 사람들이 더 있지만 공통적으로 친한 동료가 없고, 성공하지도 못한다는 것이다. 앞서 언급됐던 선배들은 하나 같이 본인들이 욕하고 비아냥거리던 생활을 하고 결국 군 생활을 접었다. 그때 후배들을 비아냥거리고 뒤에서 욕하던 행동들은 본인들의 미래를 그렇게 만들었다. 그런 부정적인 방해물들이 우리의 목표 성취에 방해가 되지 않도록 스스로 중심을 잡고 온갖 방해요소로부터 자신을 지켜야만 한다.

"좋은 소리도 세 번 하면 듣기 싫다"는 말이 있는데 하물며 싫은 소리는 얼마나 더 듣기 싫을지 쉽게 상상이 된다. 말도 되지 않지만 듣다 보면 내 기분에 영향을 미치고 그 영향은 결국 내 도전의 추신력을 저하시키는 결과를 만들 가능성이 충분하다. 보통 편하게 있을 나만의 공간이 있으니 아침에 일어나 조용히 생각하고 의지를 확고히 하는 것은 어렵지 않다. 다만 결혼하기 전까지 공동체 생활을 했기 때문에 아침에 일어나도 사실 개인적인 공간을 찾아 하루를 묵상하며 시작하기 쉽지 않았다.

그러다 찾은 곳은 화장실이었다. 공동화장실이지만 새벽 6시는 나에게 조용하고 안전한 공간과 오로지 나만의 하루를 시작할 수 있는 생각의 자유를 주었다. 내 전체 계획은 무엇인지, 내 5년, 10년, 15년 계획은 무엇인지를 생각하며 약해진 의지를 강화했다. 5년 이내는 1년과 6개월 단위로 더 구체적으로 생각하여 반드시 이뤄내 비웃었던 모든 사람들의 콧대를 꺾겠다는 다짐을 하면서 말이다. 물론 그 버릇은 20년이 지난 지금도 계속되어 나만의 공간이 있음에도 불구하고 여전히 아침에 가장 많은 생각과 계획을 하는 곳이 되었다.

공간이 가용한 사람들은 편안하게 앉아 차를 한잔 마시며 하루를 명상과 확언으로 시작하는 것이 좋다. 인기 검색어인 "미라클 모닝"의 실천을 통해 나의 하루를 긍정적인 에너지로 시작하고 주변의 모든 방해로부터 나 자신을 지키는 것도 한 방법이라 생각한다. 나를 온전히 받아들이고 또 지킬 사람은 내 자신이지 주변에서 나를 위하는 척해주는 사람이 아니다. 머리로 하는 반복적 자기암시가 약하다고 생각되는 사람은 필사도 좋은 방법이 될 수 있다.

매일 쓰고 읽고 말하고 상상하는 것은 목표를 현실화할 가장 좋은 방법이다. 군에서 훈련을 계획할 때 전체적인 흐름이 보이는 연간 계획을 바탕으로 세부적인 반기, 분기, 월간 순으로 계획을 해나간다. 그중에 가장 중요한 것은 계획된 훈련을 구체적이고 시각화하는 주간 훈련과 일일 훈련 계획일 것이다. 부대가 언제, 어디서, 무엇을, 어떻게 할 것인지 그리고 어떤 수준을 유지할 것인지가 모두 작성되어 흔들림 없이 계획된 훈련을 진행할 수 있다. 구체화한 목표와 계획이 있다면 흔들림 없이 직진하면 된다. 내가 도전할 때마다 나를 생각 없는 하찮은 인간으로 만든 그 사람들은 결국 마지막엔 '네가 가장 부럽다. 난 왜 이렇게 살았는지 모르겠다.'라는 말들을 남기고 떠나갔다.

'가족도 친구도 아닌 사람이 나의 행복을 진심으로 빌어줄 가능성이 얼마나 될까'하고 생각해 본 적 있다. 물론 인생에서 닮아가고 싶은 사람들을 만난 나로서는 가족도 친구도 아니지만 진심으로 성공을 기도하기도 때론 진심 어린 조언을 해주는 분들이 있다. 오랜 시간을 함께 동고동락하며 진심을 나눈 사이라면 가능한 말일 것이다. 그러나 보통 우리가 일하며 만난 대부분의 사람들은 상대에게 진심 어린 신경과 정성을 나눌 여력이 없는 게 사실이다. 나로 인해 얻을 것이 없는 사람들이 때론 부러워서, 혹은 때론 어이가 없다며 하는 영양가 없는 말들이나 시선에 굳이 내가 흔들일 이유가 전혀 없다.

> 지혜로운 사람은 본 것을 이야기하지만,
> 어리석은 사람은 들은 것을 이야기 한다.
> 탈무드

나를 이끄는
보이지 않는 손을 믿어라.

영화 《어벤져스》를 보면 인간의 능력을 넘어선 힘을 갖고 지구를 지키는 히어로들이 등장한다. 다양한 능력을 가진 히어로들 중에 닥터 스트레인지는 단연 최강의 마법사이자 최강의 히어로라 할 수 있다. 그중에 마법을 이용한 그와 최강 빌런 타노스와의 전투는 타노스 스스로도 인정하는 최고의 전투였다고 영화는 설명하고 있다. 현실적으로 상대가 되지 않지만 닥터 스트레인지를 상대로 타노스가 고전했던 이유는 바로 그의 보이지 않는 무기 마법 때문이었다. 닥터 스트레인지는 눈에 보이는 그의 신체적 열세를 보이지 않는 그의 마법으로 극복한 것이었다.

인간은 사회적 동물이라 혼자 살지 않고 끊임없이 타인과의 관계 속에서 살아간다. 싫든 좋든 그리고 원하든 원하지 않든 죽을 때까지 사람들과의 관계 속에서 살아간다는 말이다. 물론 이러한 관계가 항상 장점만 갖고 있을 순 없다. 그렇지만 대부분은 그 관계 속에서 크든 작든 도움을 받으며 살아가고 있다. 때론 눈에 보이는 도움을 받을 수도, 아니면 전혀 눈치 채지 못한 도움을 받는 경우도 있다.

나는 앞에서 "운칠기삼"에 대해 언급했다. 성공적인 삶을 살기 위해 우리에게는 능력과 더불어 행운이 따라 줘야 한다는 것이다. 즉, 내 능력인 기술 점수가 30점이라 쳤을 때 내게 오는 행운의 점수에 따라 나의 점수가 100점 중 몇 점이 될지가 정해진다는 말이다. 비록 나도 사회적 동물이지만 그 속에서 나를 돕는 보이지 않는 힘의 존재를 믿는다. 종교적인 측면에서 얘기하는 것이 아닌 내 주변에서 언제나 조용히 나를 돕고 있는 사람들에 대한 믿음 말이다.

그들은 매일은 아니겠지만 내게 도움이 필요할 땐 본인의 바쁜 일을 잠시 미루고 기꺼이 시간을 내어 나를 위해 아낌없는 조언과 실질적인 도움을 준 사람들이다. 나의 지난 20년 도전 속에 묵묵히 나를 믿고 도움을 아끼지 않았던 보이지 않는 도움을 준 사람들이 있다. 내가 하는 도전의 결과만을 보고 내 앞에서는 칭찬을, 내 뒤에서는 욕을 아끼지 않았던 많은 동료들과는 달리 내가 가는 길을 항상 응원해준 고마운 동료들이다. 그래서 아무리 바빠도 시간을 내어 만나고 만날 때마다 그때의 고마움을 지금도 잊지 않고 표현하는 이유이다.

지난 20년간 국내외를 가리지 않고 이사만 20번 이상을 했다. 같이 근무할 땐 언제든 시간을 내어 식사를 하던 차를 마시던 하면서 고마움을 전하는 것이 어렵지 않다. 내가 떠나든 상대가 떠나든 각자의 새로운 근무지로 이동을 하면 더 이상의 자연스러운 만남은 힘들어진다.

벗어나지 못하는 통제된 지역이 존재하고 출근 시간은 있어도 퇴근 시간은 보통 정해지지 않은 근무 환경에서 오고 가는 전화나 메시지가 최상의 연락 방법이다. 어쩌다 성공적으로 출발한 휴가는 그 동안 못 봤던 부모님이나 가족들을 만나다 보니 고마웠던 동료들을 만나는데 쓰기 쉽지 않다.

이러한 제한들을 극복하고서라도 만남이 성사되기도 한다. 만약 그분이 해외에 계시던, 업무로 인해 바쁘시던, 전역하고 사회에 있든 상관없이 시간을 내어 말이다. 나를 위해 물심양면으로 도와줬던 그분들은 나의 도전을 위한 여정에서 내가 되고 싶던 나 자신이었다. 도움을 받은 나는 그분들과 조금 이나마 비슷한 사람이 되기 위해 그분들을 닮아가려고 노력했다.

사실 20여 년의 기간 동안 고마웠던 분들이 정말 많지만 중동전문가란 길을 위한 도전을 묵묵히 응원하고 도와주셨던 분들은 그리 많지는 않다. 가장 고마움을 갖고 있는 선배가 있다. 지금은 한국과 카타르를 오가며 바쁘게 살고 계신 오기태 선배가 한국에 들어오실 때 마다 나는 장소가 어디든 상황이 어떻든 꼭 만나 뵈려 하고 있다. 내가 갖고 있는 끈기와 성실함을 응원해준 그래서 오늘날 이 자리까지 올 수 있게 해준 선배이기 때문이다. 내가 잘 때는 기도로 응원해줬고 내가 도움이 필요할 때 직접적인 도움을 주기 위해 노력을 많이 했다. 입에 바른 소리나 영양가 없는 조언이 아닌 실질적인 도움을 주신 진정한 조력자로 지금까지 18년 이상 그 고마움 속에 관계를 이어가고 있다.

이라크에서 처음으로 아랍어 실력을 인정받던 날 나는 중동전문가가 되고 싶다고 선배에게 말을 꺼냈다. 육군은 잘 모른다고 말하는 선배는 이내 육군본부에서 근무하고 있던 분에게 전화를 걸어 내가 궁금한 것들을 나 대신 자세히 물어줬다. 언어전문가가 되어야 하는지, 지역전문가가 되어야 하는지와 어떤 과정을 거쳐야 하는지 등 자세히 말이다. 그 뒤로도 나름의 계획을 갖고 군 생활을 했지만 언제든 고민되는 순간이 오면 난 선배와의 상담을 통해 결정하곤 했다. 그렇게 군을 떠나기 전까지 사수와 부사수로서 선배는 장관 통역을 난 차관 통역을 하곤 했었다.

중동지역학전문가가 되기 위한 여정에서 사실 포병장교로서 근무 경험이 많지 않다. 필수적으로 해야만 하는 직책만 맡아 수행했다. 그렇다고 몇 년 하지 않은 포병장교로의 생활에서 소중한 사람을 만나지 않은 것은 아니었다. 차리와 본부 등 오랜만에 하는 포병부대에서의 삶에서 감사하게도 행운 같이 찾아온 동료들이 많았다. 그중에서 이집트에서 석사과정을 마치고 강원도 화천으로 근무하러 갔을 때 정말 우연한 기회에 친해진 동기가 있다. 유학파라는 이유로 원래 근무하기로 한 부대에서 퇴짜를 맞고 궁여지책으로 간 옆 부대에서 만난 소중한 인연이었다.

갑자기 바뀐 부대에서 사무실도 없이 이곳저곳을 옮겨 다니던 내게 편안하게 업무를 볼 수 있게 자리와 안락함을 제공해 줬다. 외국에서의 3년이란 공부로 인해 발생한 공백을 조금이나마 빨리 메울 수 있는 물질적, 정신적 도움을 많이 받았다. 올해 3월 오랜만에 만난 자리에서 같은 아파트에 살면서도 입구에서 집까지 한 시간 이상이 걸렸던 일화가 재조명되었다. 사방거리에서 같이 술 한잔한 날 집까지 걸어오면서 나눈 얘기도 모자라 아파트 입구에서 한 시간 이상을 떠들어 댔다. 집에 있던 사람들까지 우리가 밖에서 얘기를 나누고 있다는 것을 알 정도였으니 말이다. 난 지금까지도 브라보 말고는 그렇게 오랫동안 대화를 나눠 본적이 없다.

어렵고 힘든 상황에서 서로가 서로를 의지하며 똘똘 뭉치게 해줬던 인연들도 있었다. 보통 새로 온 팀장이 팀원들과 조화롭게 지내지 못하는 사람이라면 팀원들은 대동단결하게 된다. 그에 반해 팀장이 팀의 분위기를 이끌어 가며 의사소통이 잘 되는 경우에는 팀원들의 단합이 제대로 되지 못할 경우가 있다. 사단 교훈처에서 근무는 함께 일하기 힘들었던 교훈참모 덕분에 서로를 챙기고 위하며 극복했던 행복한 기억으로 남아있다. 지금까지처럼 개인과의 관계가 아닌 팀 전체가 서로를 챙기며 도와 일 년이란 힘든 시간을 행복하게 마무리 할 수 있었다.

사실 강원도 화천에서의 소중한 만남은 결국 나에게 큰 선물을 안겨줬다. 그 기간의 난 군 생활에서 가장 중요한 순간을 지나고 있었다. 연금을 위해 묵묵히 걸어온 나는 연금 확보를 위한 진급의 마지막 시도를 하고 있었기 때문이다. 서로를 챙기며 응원했던 내 동료들의 도움으로 소정의 목적을 달성했고 또 다른 도전을 실행할 수 있었다. 그 당시엔 그 어떤 경험으로도 극복하지 못할 시련과 고통이 있었지만 동료들과 서로 '참을 인'을 써가면서 참을 수 있다는 것도 직접 경험했다. 그중 한 선배를 최근에 세종에서 만나 오랜만에 저녁식사를 했다. 바로 어제까지 같이 있었던 것 같은 착각이 들 정도로 세월의 벽을 느끼지 못했다. 서로 일정이 정확하게 맞지 않아 나 스스로 3시간을 기다려 성사된 만남이었지만 기다릴만한 충분한 가치가 있었다.

혼자만의 능력과 노력으로 무엇인가를 전적으로 이뤄내기는 사실상 쉽지 않다. 실제론 받은 도움을 느끼지 못했거나 기억을 못 하는 것일 수 있다. 내가 온 힘을 다해 도전을 계속할 때 나의 주변에서 묵묵히 나를 돕는 조력자들은 반드시 있다. 자신의 도움을 드러내든 드러내지 않든 자신의 방식으로 열심히 도전하라고 응원하면서 말이다. 믿자, 원하는 것을 얻을 수 있다는 사실을 믿자. 최선을 다하는 여러분이 도전에 성공하기를 진심으로 바라는 보이지 않는 도움을 믿어보자.

사람과 사람을 연결하면 비즈니스로 이어진다.

마크 주커버그

신은 감당할 정도의 시련만 준다.

"신은 감당할 정도의 시련만 준다."는 말이 있다. 보는 시각에 따라 수동적이고 요행을 바라는 문장 같아 보이기도 한다. 우리는 살면서 감당하기 힘든 실망과 시련에 힘들어하고 절망한다. 물론 기쁘고 좋은 소식만을 기대하고 사는 것은 모두 같은 마음이겠지만 실상은 꼭 그렇지만은 않다. 때론 믿었던 사람에게 배신을 당하기도 하고 때론 완벽한 상황이 꼬꾸라져 전혀 다른 상황으로 변하기도 한다. 크든 작든 우리 주변에 다양한 종류의 시련이 우리를 기다리고 있다. 가장 중요한 것은 이 시련을 극복할 때 나오는 성취감은 우리를 성공으로 안내할 중요한 양분이란 것이다.

모든 사람의 과정보다 결과가 항상 아름답고 행복해 보인다. 어떤 좌절과 시련을 겪었는지 보다는 당장 눈앞에 보이는 결과에만 집중하기 때문일 것이다. '거봐! 다른 사람하고는 달랐네. 될 수밖에 없는 상황이네. 저 사람이니까 된 거지 나 같으면 안 될걸.'과 같은 말을 많이 한다. 물론 남이 갖고 있는 떡이 더 커 보이고 먹음직스러워 보일 수 있지만 확실한 것은 떡의 크기가 아닌 어떻게 그 떡을 갖게 되었는지에 초점을 맞춰야 한다. 어느 누구도 본인의 목표를 쉽게 달성하기 힘들다. 그저 그 쉽다는 의미가 상대적인 것뿐이다.

우리는 시련을 겪는 여러 이유를 갖고 있는데 개인적, 물질적, 환경적 이유 등 다양하다. 특히 본인들이 다른 사람에 비해 항상 더 고생과 수고한다고 느끼는 사람들은 사실 답이 없다고 봐야한다. 상대와 비교를 통해 내가 더 고생하니 더 좋은 대가나 결과를 받아야 한다고 생각하는 동료랑은 사실 말이 통하지 않는다는 것이다. 어떻게든 의견 차이를 좁히고 싶지만 그들의 말에 순응하는 것뿐 다른 해결방안은 없다.

38선 이남으로는 부대가 없다는 포병은 모든 부대가 비상대기 중이다. 그렇다 보니 이런 야전부대에서 10년 이상 근무를 한 장교들은 본인의 고생이 세계 최고라고 믿고 있다. 따라서 진급을 하면 모두들 "내 고생의 대가이다."란 표현을 많이 쓴다. 그래서 일의 효율적인 처리나 성과보다는 '고생하는 자리'에서 근무하는 것을 선호한다. 정확히 말해서 고생보다는 '퇴근을 일찍 하지 않는 자리'라고 표현하는 것이 맞을 것이다. 일을 열심히 하는 사람도 책상에 앉아 조는 사람도 모두 일찍 퇴근하지는 않으니까 말이다.

이런 포병을 포함한 야전부대의 눈에 나는 '어디서 놀다가 굴러온 사람' 그 이상도 이하도 아니었을 것이다. 몇 명을 제외한 많은 사람들의 시기와 상대적 박탈감은 고스란히 나에게 시련과 좌절로 다가 왔다. 그렇지만 가장 중요한 것은 나는 남들이 하지 말라고 하면 기를 써서라도 반드시 해내고 마는 "청개구리"였다. 남이 하지 말라는 방식을 일부러 더 고집부려 반드시 성공을 만들어 보이던 말 안 듣는 청개구리 말이다. 그것은 그때도 지금도, 그리고 앞으로도 변함없을 것이다.

상급부대인 연대에서의 모든 점검과 검열을 내 부대가 감당해야 했다. 그 당시 사단 전체에서 가장 선임 포대장이었는데도 그런 일들을 항상 감당해야 했다. '우뚝 솟은 내 콧대를 꺾겠다.'란 표현이 어찌 보면 정확한 표현이었을 것이다. 모든 상황을 대충 넘어가지 않고 이라크에서 경험을 바탕으로 한 조언들은 그저 나의 잘난 척으로만 받아들여졌다. 점검과 검열의 결과로 난 한없이 작아지고 부서져야만 했다. "털어서 먼지 나지 않는 사람은 없다"는 말을 너무나도 잘 알고 있는 사람들이었기 때문이다.

연대뿐 아니라 사단이나 그 이상의 부대가 점검을 와도 의례적으로 우리부대로 점검을 왔다. 더 이상 입바른 소리는 필요 없이 조용히 입을 닫고 "네, 빠른 시일 내로 고쳐 놓겠다. 야전 경험이 없어 많이 배우고 있다."란 말만 반복하며 내 자신을 낮추기 시작했다. 한두 번은 올바른 소리를 내는 것도 필요하지만 그 이상 소용이 없다고 느낀다면 그만두고 살아남는 게 우선이다. 종이호랑이처럼 사나운 이빨 없이 모든 것을 받아들이고 그들과 잘 지내기 위해 맞장구를 쳐주다 보면 어느 순간 더는 그들의 타겟이 아니였다.

상급부대로부터의 압박으로 사실 몸도 마음도 많이 지쳤고 힘들었지만 감당할 수 있었던 이유가 있다. 앞서 말했던 나를 돕는 동료들의 보이지 않는 도움들이 있었다. 나로서야 억울하겠지만 부대장으로서는 상급 부대로부터 지적을 자주 받는 다면 스트레스를 받지 않을 수 없다. 만약 상급부대 뿐 아니라 우리 부대도 동시에 시련을 주었다면 그대로 주저앉았을 수밖에 없지만 사실 그렇지 않았다. 상급부대의 일방적인 점검 결과로 인한 그 어떤 피해도 부대장으로부터 받은 것이 없었다. 어느 누가 봐도 난 시련을 겪고 있는 상황이었지만 정작 부대 내에서는 '그냥 잊어라! 배 아파서 그런다! 별거 아니다! 그냥 하지마라!' 등의 응원을 받고 있었다.

지난 20년간 군 생활을 하면서 마음속으론 욕을 안 하거나 욕을 안 먹고 산 날이 단 하루도 없었다. 아마 일을 하는 모든 사람들은 공감할 수 있겠지만 어쩌다 하루 욕을 안 먹는 날은 왠지 뿌듯한 게 아니고 뭔가 허전함을 느꼈다. 그것은 뭔가 해야 할 것이 빠진 것 같은 기분이 들었다는 것이다. 욕에 관해 어느 정도 적응도 됐고 별의별 사람들을 많이 봐서 이제 그 누구와도 일할 수 있을 거라 생각했던 적이 있다. 물론 그런 거만함은 다시 한번 나에게 거대한 시련을 안겨 줬고 인내와 성취라는 열매를 다시 느끼게 해줬다.

사단 교훈처에서 근무하면서 첫해에 만난 참모는 그 어떤 말로도 설명이 불가한 사람이었다. 사람으로서 규칙이나 패턴이 있는 것도 아니고 그렇다고 감정이나 배려가 있는 것도 아니었다. 사람과의 사회성이나 기본 에티켓 조차 처음부터 잘못 배운 것 같은 정말 다시 만나기도 힘들고 다시 만나기도 싫은 그런 사람이었다. 모든 사람은 지내고 겪다 보면 적응하기 마련이지만 이 사람과는 끝까지 맞지 않았다. 아니, 끝까지 우리랑은 맞게 지낼 생각이 없었다고 해야 하는 것이 맞는 것 같다.

본인이 저녁 식사를 하러 갈 때 우리를 불러 저녁 먹고 들어와서 보자며 일거리를 던져주고 갔다. 그땐 매일 밤 12시에 저녁 식사를 했던 기억이 있다. 또 바로 옆에 붙어서 비아냥거리며 대화를 시작할 때면 뻗고 싶은 주먹을 참느라 무척 힘들기도 했다. 같이 일하는 동료를 동료로 보지 않고 도구로 봤고 비인격적이고 비인간적인 성격으로 본인의 선후배들 사이에서도 꽤나 유명한 사람이었다.

참을성 좋기로 유명해서 뻗고 싶은 주먹을 잘 참은 것도 있었지만 그 당시 시련을 잘 견딘 것엔 특별한 이유가 있었다. 플러스와 마이너스가 만나면 영이 되듯이 늘어난 스트레스를 풀어줄 만한 서로를 챙기는 동료들이 있어서 가능했다. 내가 열이 뻗쳐 씩씩거리고 있는 것을 보고 넘버 투와 쓰리 형들은 신선한 공기와 관심으로 진정시켜 주기 위해 노력을 했다. 나보다 7년 이상 더 경험이 있는 자신들도 참기 힘든데 너는 오죽하겠냐, 일 년만 참으라며 내 기분을 어루만졌다. 또 같은 사무실의 동갑내기 박 중사와 후배 희숙이도 사무실의 다른 형들과 크게 다르지 않았다. 한 명의 장애물로 인해 사무실 팀원들은 돈독해졌고 서로가 서로에게 힘이 되도록 응원하고 위로하면서 그 시련의 터널을 해쳐나 올 수 있었다.

시련의 시기에 가장 중요한 것은 이러한 시련에 무릎을 꿇어야 하는 게 아니라 어떻게든 이 악물고 헤쳐나가야 한다는 것이다. 남들처럼 살아서는 남들처럼만 된다는 《부자 아빠 가난한 아빠 2》 작가의 말처럼 남들같이 주어진 시련으로 좌절하면 안 된다. 감당할 정도로만 주어질 좌절을 극복하고 내가 살고 싶은 길을 향해 계속 전진해야 한다. 그것이 진정으로 조직 속의 내가 아닌 나를 위한 삶을 사는 것이다. 남들처럼 야전이나 벙커에서만 20년 살다가 남들처럼 아무것도 손에 쥐지 못하고 세상에 던져지는 것은 프로답지 못하다. 군대에는 "보직은 짧고 군 생활은 길다."란 말이 있지만 정확하게는 "직장 생활은 짧고 인생은 길다."라고 하고 싶다.

내 앞에 닥친 시련은 실패로 가는 길이 아닌 성공으로 가는 경험치란 걸 명심해야 한다. 성공에 필요한 그 이상도 이하도 아닌 딱 그만큼의 시련만이 필요하다는 것이다. 그 전에 명심해야 할 것은 도전 중인지 아니면 도박 중인지를 알아야 한다. 만약 쉽게 들어줄 수 있는 게 아닌데 내가 열심히 기도하고 있는 거라면 이걸 명심해야 한다. 내가 감당해야 할 시련은 더 혹독할 것이고 아직 끝이 나지도 않았다는 것을 말이다. 신은 감당할 정도의 시련만 준다는 것은 신이 들어줄 만한 기도를 해야 한다는 것일 수도 있다. 난 처음부터 쉽게 들어줄 수 있을 것 같은 "연금, 중동전문가, 해외 유학, 해외여행"에 관한 기도만 했다.

파도가 무얼 가져다 줄지 누가 알겠어?

영화 캐스트 어웨이

열정이 부족하다고 느껴지면 망설이지 말고 채워라.

김미경의 《김미경의 리부트》를 보면 열정에 끝판을 보는 것 같아 많이 부끄러워진다. 작가는 코로나 이후로 빨라진 시대 변화에 적응하고 살아남기 위해서 "즉시 교육"이란 것을 적용했다. 생존을 위해 단시간에 배우고 이해하여 본인의 사업에 어떤 영향을 끼치는지에 대해 알아내려 노력했다. 나이와 상관없이 시대 변화에 따라 새로운 것을 배우고 즉시 적용하는 건 앞으로 우리의 일상이 될 것이라며 이 책은 강조했다.

신이 나에게 준 감당할 만한 시련은 내 주변의 보이지 않는 도움으로 무사히 잘 넘겼다. 정말 '참을 인'을 셀 수 없을 만큼 적으며 참았던 것 같다. 해외 파병과 해외 유학으로부터 오는 '시기와 질투'는 고스란히 '무시와 과소평가'가 되어 힘들었지만 결국 좌절은 없었다. 강원도 화천에서의 4년은 잠들어 있던 나 스스로에게 독을 품게 했고 더 자신 있게 도약할 수 있는 원동력이 되었다. 이제 다시는 뒤를 돌아볼 필요 없이 앞만 보고 달려갈 수 있게 해줬다.

화천을 떠나던 날 난 생각했다. 다시는 포병부대로 돌아오지 않겠다. 만약 다시 돌아와야 한다면 이 일을 바로 그만 두겠다고 말이다. 내가 계획한 모든 도전을 끝낸다면 난 더 이상 이곳에서 성취감이나 만족감을 찾을 수 없을 것이다. 군은 더 이상 나를 성장시킬 수 없는 곳이며 나 또한 미련 없이 군에서 얻은 내 도전의 결과물을 갖고 '다시 가슴 뛰는 일'을 찾아 떠날 것이라고 말이다. 내가 포병부대로 돌아온다는 것은 중동지역전문가로서나 군사외교관으로서도 더 이상 이룰 수 있는 게 없다는 것을 의미하기 때문이다.

연금 확보를 위한 진급발표가 나자마자 나는 다시 도전을 위한 길을 떠났다. 주변에서는 여느 때와 마찬가지로 갖은 이유를 들어 말리고 회유하고 협박했다. 물론 그 누구의 얘기도 들을 가치는 없었다. 오로지 내가 심사숙고한 결정만 믿고 따르기만 하면 되는 것이었다. 나의 도움이 필요해서 나에게 하는 말들이 아님을 알고 있었다. 그저 그들의 이익을 위해 내가 필요하단 것을 진정성 없는 감언이설로 회유하고자 하는 것이니 신중하게 들을 필요가 없었다.

4년간의 화천 생활을 정리하고 경북 영천으로 자리를 옮겼다. "마이 웨이" 구상 당시부터 간절히 원했던 사관학교 교수로 부임한 것이다. 아랍어과가 없어 국제관계나 군사사학과에 지원해서라도 근무해 보고 싶었는데 운 좋게도 아랍어과가 생겨 초대 아랍어과 교수가 될 기회까지 얻게 되었다. 도전을 통한 결과물을 하나씩 얻어가자 사관학교 교수에 대한 갈망은 더 커졌다. 군 생활을 시작했던 장교로 임관했던 그곳에서 내 방전된 열정을 다시 채우고 싶었다. 배움이 간절하고 훌륭한 장교가 되기 위해 노력하는 생도들에게서 '더 열정적으로 하라'는 자극을 받고 싶었는지도 모르겠다.

지난 4년간 방전되었던 나 스스로에게 도전과제도 달성하고 열정도 다시 채워 다음 도전을 계속해 나가게 하고 싶었다. 2014년 12월에 도착한 나는 2015년 첫 학기를 위한 교과 및 교수편성, 학생편성 등 정말 열심히 준비했다. 나 스스로 어학이나 학위공부도 했고 아랍어 전문가 선발도 해봤지만 후배들을 교육하는 것은 처음이라 더 체계적이고 철저하게 준비했다. 지금 당장은 아니겠지만 불과 몇 년 뒤면 나와 같은 분야에서 함께 할 제자이자 동료이기 때문이다. 나의 첫 52기 제자들이 결정되면서 정말 열과 성을 다해 내가 알고 있던 것을 전혀 주려 노력했다. 물론 군사학과 아랍어라는 두 개의 전공을 해야 하며 아침과 저녁으로 체력단련을 하느라 많이들 힘들었지만 성실하게 공부하는 모습이 대견했다.

나는 오랫동안 배우고 활용했던 것을 가르쳤지만 새로운 환경에서 생소한 것을 배우는 생도들에게선 열정이란 것을 정말 배울 수 있었다. 우리는 초심으로 돌아간다는 말을 자주 쓴다. 그렇다고 초심으로 돌아갈 수도 없고 돌아가고 싶은 마음도 없을 것이다. 다시 돌아가 내가 했던 모든 것을 다시 한다는 것은 상상만 해도 아찔하기 때문이다. 초심으로 돌아간다는 것은 처음에 했던 마음가짐을 다시 생각해 보는 것이라고 생각한다. 그 당시 힘든 훈련을 받으며 미래에 반드시 다시 여기 교수로 오겠다고 다짐했던 내 모습을 쉽게 찾아 볼 수 있기 때문이다. 내가 훈련받으며 생활했던 건물이 지금도 버젓이 그곳에 서 있는데 그런 모습이 보이지 않을 리 없었다.

생도들에게 언어, 역사, 정치 등을 가르치다 보면 내 지식의 부족함을 느꼈다. 사실 내가 아는 범위 이상으로 가르칠 과목이 없지만 생도들이 열정이 더해지면 지적 공허함을 달래고 싶어진다. 현재에서 멈춰 있는 그저 먼저 산 선배라서 알고 있는 지식만 가지고 교수라는 일을 하고 싶지 않다는 게 진짜 이유일 것이다. 2015년 가을 생각했던 것보다 조금 이른 박사과정 진학이라는 도전을 시작했다. 물론 서울과 지리적으로 거리가 멀어 정상적으로 공부하기 제한되지만 일단 진학을 했다. 영천을 떠나 다음 복표지를 서울 근무로 정했기 때문에 성공적으로 이뤄진다면 박사과정 진행도 어려운 일이 아니었기 때문이었다.

대학에서는 아랍어를 전공했지만 석사학위는 이라크 정치 관련 논문을 작성했다. 그에 따라 관심 있는 중동정치학 박사과정에 진학하여 추가적인 공부를 더 해서 지식과 식견을 강화하고 싶었다. 박사과정 진학과 함께 중동학회나 이슬람학회도 활발하게 참석했다. 비록 근무기간이 있는 순환직 교수였지만 가능한 범위 내에서는 최선을 다해 참석하고 배우고 교류했다. 학회 참석에서 보고 들은 모든 것들 또한 그동안 부족했던 지적 욕구를 채우는 매개로 작용했다.

시간이 허락되었을 때 배우는 것은 어떻게 보면 어렵지 않을 수 있다. 물론 무엇인가를 연구해서 논문을 작성한다는 것은 쉬운 일이 아님엔 틀림없다. 일과 공부를 병행하는 것이 아닌 오로지 공부를 위해 시간을 부여받을 땐 일과 병행하는 것 보다 공부의 집중력을 높일 수 있다는 의미이다. 교수로서 일과 공부를 병행하는 것은 우리가 일반적으로 생각하는 일과 공부의 병행과는 차원이 달랐다. 공부와 가르침이 주된 업무인 곳에서는 많은 것을 배우고 많은 것을 경험해 알려주는 것만큼 가치 있는 것은 없었기 때문이다.

물론 그 때의 제자들이 성장하여 지금은 전후방 각지에서 훌륭하게 업무수행 중이며 그중 일부는 지속적으로 중동전문가의 길을 가고자 한다는 것이다. 누군가는 성공이라 칭할 수 있는 생활을 또 누군가는 그렇지 못하다고 말할 생활을 하게 되겠지만 가장 중요한 것은 가슴속에 타오르는 열정이 있었으면 한다. 똑같은 일을 반복하다 보면 전문가가 되고 경력이 될 수 있는 반면에 초반에 가졌던 열정과 도전정신은 현실에 묻혀 사라질 수 있다. 그러다 어느 날 남들과 똑같은 삶을 살다가 남들과 똑같은 마무리를 하고 있는 자신을 발견한다면 많이 슬플 것이다. 하루를 살아도 내 의지대로 산다면 그것이 진정한 성공일 것이다.

《김미경의 리부트》에는 짧은 시간에 극적인 성장을 할 수 있는 방법을 제시하는데 그것은 바로 "사람"으로부터 배우는 것이다. 즉, 물건이 아닌 사람에게서만 배울 수 있는 특별함이 있다는 말이다. 우선, 나의 미래가 이미 일상이 된 사람은 내가 목표를 성취하는데 더 수월하게 해줄 수 있다. 게다가 일을 하면서 가슴이 뛰는 사람과 같이 일을 하면 긍정적인 자극을 통해 빠른 성장을 야기한다. 그뿐만 아니라 아니라 개인이 아닌 팀으로선 다른 사람과의 질적인 협업의 정도가 팀워크의 수준을 결정하기 때문이다.

항상 열정으로 가득 찰 수는 없다. 무엇인가를 시작하게 하는 원동력인 열정은 현실과 변수를 만나면 힘이 줄어드는 경향이 있다. 응원하던 사람들 또한 장애물을 만난 열정을 과한 의욕이나 객기라고 과소평가하기도 한다. 반대로 다른 사람들의 지칠 줄 모르는 열정을 통해 줄어든 내 열정을 다시 살릴 수 있기도 한다. 열정을 죽이든 아니면 채우든 가장 중요한 것은 내가 열정을 채우고 싶어 하는 것인가 그리고 채우기 위해 무엇을 할 것인가를 결정하는 것이 먼저이다.

무지함을 두려워 말라.
거짓 지식을 두려워하라.
탈무드

5장

의지

길이 없다면,
만들어서라도 가라.

선택적 청개구리가 되자.

말하는 대로 이루어지는 세상에 살면 과연 인생이 재미있을까? 아니면 그렇지 않을까? 생각하고 받아들이는 사람이나 성향에 따라 다른 답변들이 존재할 것이다. 미국의 유명 내과 의사인 디펙 초프라 박사는 심신의학, 즉 질병에 대한 생리학과 심리학의 동시 접근 바람을 불러일으켰다. 매일 아침 일어나 '나는 반드시 건강하고 완전히 낫게 된다.'라고 반복한 폐암 환자의 완쾌를 통해 환자의 '자기암시'가 얼마나 중요한 것인지 밝혀낸 대표적인 의사였다.

육체적, 정신적으로 너무 바쁘거나 힘들면 생각이란 것을 할 여유가 사실 나지 않는다. 정신력 또한 체력이 바닥난 상태에서는 제 기능을 발휘하기 힘들다. 그런 이유로 흐트러지는 정신을 꽉 잡고 유지시켜줄 체력은 항상 갖고 있어야 한다. 아침에 일어나서나 밤에 자기 전에 오로지 나를 위해 시간을 투자한다면 정말 바람직할 것이다. 긍정적인 하루를 보낼 수 있고 오늘 하루의 반성을 통해 더 나은 내일을 계획할 수 있기 때문이다. 그렇지만 아침에 겨우 일어나 출근하고 밤엔 퇴근하자마자 뻗어버리는 삶은 자신의 목표와 미래를 위한 '자기암시'의 시간은 사실 없다고 봐야 한다.

물론 육체와 정신 말고도 방해하는 요소는 얼마든지 있다. 특히 공동으로 사용하는 숙소에 살고 있는 경우엔 육체와 정신적 요소를 넘어 공간적인 제한도 존재한다. 그렇다고 나의 하루와 미래를 위한 '긍정적 정신'으로 무장할 시간을 주지 않는다는 것은 있을 수 없다. 그 어떤 이유가 있더라도 그건 변명이고 핑계라 생각한다. 이른 아침 아무도 사용하지 않는 장소라든지, 아님 가벼운 산책 또한 가능한 방법이라 생각한다. 그저 본인의 생각과 판단을 믿고 본인을 위해 투자하여 흔들림 없이 확언하는 삶을 살아가길 당부하고 싶다.

집단생활을 하며 사용했던 내 첫 숙소는 2인 1실로 화장실은 외부에 있는 오래된 건물이었다. 공동 주방이 밖에 있었고 큰 식탁이 있었지만 단체로 모여 식사를 하거나 차를 마시는 경우는 없었다. 훈련을 받을 때부터 난 화장실을 나의 '생각의 장소'로 선정 했다. 이유는 간단하다. 6시 기상 전 화장실엔 아무도 없어 나의 즐거운 하루를 보내기 위해 정신적으로 무장하기엔 최적의 장소였다. 시간도 10분 정도면 충분해서 동기들이 세면하러 오기 전에 모든 것을 마무리 할 수 있었다.

첫 부대로 전입하고 나서도 가장 좋은 장소는 화장실이었다. 방을 같이 쓰던 선배나 다른 방 선배들이 일어나기 전에 조용히 나의 소중한 하루를 생각할 시간과 장소로 충분했다. 오늘은 어떤 하루를 보낼 것인지, 고민이 되는 것들은 어떻게 해결하면 좋을지 등 말이다. 나의 중장기적 도전과제들을 성취하기 위해 단기적으론 어떤 노력을 해야 하는지, 그러기 위해선 또 어떤 자격이 갖춰져야 하는지 짧지만 알차게 사용할 수 있었다. 미래의 내 목표를 확실하게 그려 보며 현재의 내 자신을 돌아보면 앞으로 어떤 노력을 언제까지 해야 하는지 알 수 있다.

정신없이 바쁘게 주변 상황에 휩쓸려 하루하루를 보내다 보면 내가 생각하지도 못한 시간이 지나간다. 특히 군대라는 곳은 '사람이 아닌 시스템에 의해 운용되는 곳'이라 정신을 놓으면 그 시스템의 일부가 되어 더 이상 개인의 생각 따윈 필요 없어진다. 그러다 어느 순간 내 존재를 느낄 때쯤엔 이미 상당한 시간이 흘러가 있거나 다른 부대로 이동해야 하는 시간을 마주하게 된다. 누구든 조금의 시간만 주어진다면 내가 1년 동안 밤새 하던 일도 아무런 문제 없이 할 수 있는 곳이 군대인 이유이기도 하다. 비단 내가 경험한 이곳만 그렇지 않다. 우리가 일하는 어디서든 우리가 느끼는 현실은 이와 크게 다르지 않다. 빠르게 흘러가는 조류에서 살아남기 위해선 정신을 차려 어느 곳의 물살이 제일 느린지 확인해야 한다. 나로 살기 위해선 반드시 그 정도의 여유라도 가져야 한다.

경북 영천에서 교수로 근무하면서 추가적인 배움의 열정을 채우기 위해 박사과정에 진학했다. 개인적으로 박사과정 공부를 계속해 가능한 한 빨리 끝내고 싶었다. 이번엔 오로지 공부만 하는 것이 아니었고 일과 병행해야 해서 서울에서의 근무를 희망했다. 마침 서울 용산으로 출장이 예정되어 나와 관련된 부서를 방문했다. 마침 그 부서에서 근무하고 계신 친한 선배도 보고 내가 지원할 수 있는 자리가 있어 겸사겸사 방문한 것이다.

오랜만에 만난 선배와 반갑게 얘기하고 내가 원하는 자리에서 근무하는 공군선배를 만났다. 난 기회가 된다면 그 선배 다음으로 그 곳에 일하고 싶다는 의지를 표명했다. 실제로 그 선배가 무엇인가를 결정할 수 있는 사람은 그 때도 지금도 아니지만 여러 이유를 들면서 부정적인 반응을 보였다. 명령에 의해 자리를 옮기는 우리의 특성상 그 선배에게 허락을 구하러 간 것도 아니었고 그 선배 또한 뭐라도 할 수 있는 사람도 아니었다. 어차피 결정은 본부에서 하는 것인데 말이다. 그냥 어떤 자리인지 어떤 일을 하는지가 궁금해서 왔을 뿐인데 전혀 도움이 되지 않아 그냥 나왔다.

영천으로 돌아오는 길에 곰곰이 생각했다. 여러 이유를 생각해봤을 때 이번엔 무조건 서울에서 근무해야 했다. 우선, 박사과정을 마치기 위해선 지하철로 통학할 수 있어야 했다. 두 번째론, 연금 수령 가능 시기엔 반드시 서울에서 근무를 해야 했는데 그것은 연금 확보 후 필요시 효과적인 이직을 준비하기 위해서였다. 마지막으로, 나만의 사업을 할 수 없지만 동업이나 투자를 통해 사업 노하우를 쌓고 싶었다. 여러모로 서울로 갈 이유는 충분했지만 서울에 갈 방법은 불투명했다.

서울에 무조건 갈 방법을 찾아야 했고 내 생각도 조금 바꿔야 했다. 국방부에서 근무할 것만 고집하지 말고 바로 옆 건물인 합참도 생각했다. 합참에서 무조건 근무할 방법을 찾아봤다. 정말 다행인 것은 내가 가고자 하는 이집트 지휘참모대 과정을 졸업하면 무조건 합참에서 근무할 수 있다는 것이었다. 더 이상 고민 없이 다음 도전으로 이집트 지참대를 선택했다. 지참대 과정을 마치고 귀국할 땐 반드시 서울에서 근무를 할 것이라 다짐하면서 말이다.

난 순탄한 삶 자체에서 아무런 재미를 느끼지 못한다. 굴곡 있는 그래서 도전할 가치가 있는 삶을 살아야 사는 것 같은 생각을 많이 한다. 주변 지인에게 항상 하는 말이 있다. "하루를 살아도 사람답게 살고 싶다."고 말이다. 사람처럼 내 미래를 자유롭게 생각하고 사람처럼 자유 의지를 갖고 살고 싶다는 말이다. 그런 나에게 교수 생활을 마치고 군사학과 참모 능력 향상을 위해 들렸던 합동대 육군과정은 전혀 동기부여가 되지 못했다. 게다가 육군본부 포병 담당자는 교육 수료 후 포병부대로 돌아가야 한다는 비보까지 전했다. 득과 실의 문제를 현실적으로 생각해 보니 역시 나에게 아무런 이득이 되지 않아 포병부대로 가지 않기로 했다.

또다시 선택의 순간이 돌아왔다. 포병에서는 또 말을 듣지 않는 "청개구리"가 될 시간이었지만 내 인생에서는 아니었다. 지원한 이집트 지휘참모대 과정에 합격을 하면서 포병으로 돌아가지 않게 되었다. 잘 만들어진 시스템 안에서 그저 부품으로 살아갈 필요는 없다. 내가 아니더라도 부품이 되고자 하는 포병장교는 차고 넘치니까 말이다. 그저 내가 하고자 하는 길을 위해 묵묵히 전진하고, 필요할 땐 길을 만들고, 선택은 오로지 나를 위해 하면 된다.

내가 20년이란 군 생활 기간을 따로 정한 이유는 전문성 확보와 연금수령이 되는 최소 필요 기간이라 생각했기 때문이다. 나의 도전이 거의 성공에 가까워진다면 더 이상 군 생활이 동기부여가 되지 않을 것이다. 계획했던 거의 모든 것을 하고 더 이상의 설렘이 없다면 그 도전은 끝 난 것이라 생각한다. 그것을 알면서도 나는 다른 사람들처럼 무의미하게 하루하루를 살지 못한다. 심장 떨리게 행복했던 내 도전을 기억하며 다시 심장이 설레고 요동치는 새로운 도전을 향해 떠나야 한다.

내 지친 하루를 긍정적인 에너지로 바꾸는 것을 반대할 사람은 없다. 군에는 "100일의 기적" 이란 말이 있다. 신병들이 낯선 부대 생활을 하는데 적응할 것은 적응하고 포기할 것은 포기하는 데 걸리는 시간을 뜻한다. 힘들겠지만 나의 하루를 요즘 유행하는 '미라클 모닝'처럼 긍정적인 말로 시작해보자. 행복해서 웃는 게 아니라 웃어서 행복해진다는 말처럼 나에게 당면한 부정적 상황은 그냥 받아들이지 말고 정면으로 거부해 보자. 다른 사람이 아닌 나 자신을 위해 선택적 청개구리가 되어 싫은 것은 거부하고 좋은 것만 받아들여 보자.

> 현재의 내 모습을 버려야만
> 바라는 모습으로 변화 할 수 있다.
> 노자

초등학생이라도 배울 점을 찾아라.

"삼강오륜"이란 말을 들어봤을 것이다. 유교에서 기본이 되는 도덕 지침으로 "삼강"은 정치적 목적을 위함이며 "오륜"은 공자의 가르침을 따르게 함이 근본이다. 오륜 중에는 '어른과 아이 사이에는 차례와 질서가 있어야 한다'는 "장유유서"가 존재한다. 한국 사회에서 어른을 공경하는 자세는 당연하겠지만 배움에 있어서는 절대적으로 적용해야 할 말은 아니다. 또한 명심보감에 보면 "배움에는 왕도가 없다."란 구절이 있다. 즉, 배움은 힘들지만 그 중요성에 대해 언급하며 누구에게서나 보탬이 되는 것은 배우고 자기 것으로 만들어야 함을 의미한다.

한국 사회의 기본 구성은 장유유서인 것 같다. 지위고하도 중요하지만 나이 또한 무시할 수 없는 사회구성의 규칙이다. 특히 계급으로 이뤄진 조직 내에서 나이도 많고 직급도 높은 사람이 보는 어리고 직급이 낮은 후배들은 마냥 '철없고 생각 없는 어린아이'로 보는 경향이 있다. 본인의 경험과 기준으로 시대적 가치관도 생각도 다른 후배들에게 본인의 생각을 어떻게든 주입하기 위해 노력한다. 듣는 상대의 생각과 의견은 전혀 듣지 않는 일명, "꼰대문화"는 그 어떤 단어로 설명할 수 없는 그 표현 그 자체로 딱 맞는 표현인 것 같다.

물론 이러한 문화가 어떤 의도로 시작되었는지 무시할 수 없다. 앞서 살아보고 경험해 본 선배들의 경험담을 통해 후배들의 걱정이나 근심거리를 줄여주기 위한 좋은 의도이니까 말이다. 사실 그 좋은 의도도 듣는 사람이 받아들이지 않고 이해하지 못한다면 조언이 아닌 '쓸데없는 소리'가 된다. 동생 같아서 혹은 자식 같아서 그런 조언을 한다고 합리화한다면 본인의 진짜 동생이나 자식과의 좋은 관계는 포기해야 할 것이다. 그들이 정말 좋아서 모든 것을 듣고 있는지 아니면 들어야 해서 듣는 척하는 것인지 냉정하게 생각해 봐야 한다.

사회생활을 하다 보면 어처구니없는 일을 겪을 수 있다. 진정한 조언도 아닌 게 그렇다고 대놓고 꼰대 짓도 아닌 그저 계급이 낮거나 나이가 어려 어쩔 수 없이 감당해야 하는 일종의 권력에 의한 무시 같은 것이다. 물론 본인은 경험과 노하우가 충분하다고 생각해서 그렇게 한다고 생각하겠지만 그건 '자기 생각'이다. 무엇을 잘하는지 무엇을 잘할 수 있을지가 아닌 낮은 직급과 어린 나이로 모든 것을 일반화한다. 이렇게 편견과 일반화로 고정된 조직은 절대 발전이 없다. 당장 그 직급에서만 물러나도 그 사람이 다른 사람보다 우월한 것을 사실 찾아보기 힘드니까 말이다.

'직급은 짧고 인생은 길다'를 명심해야 한다. 언제까지 그 자리에 있을 거란 생각을 버리고 새로운 것을 과감하게 받아들여야 한다. 필요한 것을 인정하지만 배움이 어렵다고 받아들이지 않으려고 피우는 꼼수는 이제 버려야 한다. 후배들이 잘하는 것을 인정하고 나의 부족함을 그들로부터 배워서 채워야 한다. 그게 스스로가 후배와 내 자신을 존중하고 그들과 내가 공존할 길을 만들어 주는 것이다.

2004년 3월 이라크 파병을 위해 자이툰 부대로 전입 갔을 때 사단 작전참모였던 모 중령을 만났다. 처음 만난 그 순간에 다짜고짜 하는 말이 정말 가관이어서 아직 기억한다. 파병 경험도 없으면서 힘든 파병 생활에 대한 얘기를 간략하게 하더니 이내 내가 하게 될 업무에 관해 얘기하기 시작했다. '열심히 해라, 우리가 못 알아듣는다고 대충하지 마라, 아랍어 내가 한 달 공부하면 너보다 잘한다.'라며 말이다. 나를 포함하여 첫 인사를 나누는 사람들에 대한 배려라는 것이 전혀 없는 사람이라는 것을 첫 만남이지만 느낄 수 있었다. 물론 20살 정도 차이가 나는 선후배 사이라 본인은 열심히 하라는 취지로 말했다고 하겠지만 듣는 나는 너무 창피했다. "20년 후에 절대 저렇게 늙어있지 않으면 좋겠다."는 생각만 연신 하고 있었기 때문이다. 게다가 본인만 모르지 죽었다 깨어나도 나보다 아랍어를 잘할수 없다는 것은 불변이었다.

보통 배움에 진심인 사람은 배움 자체에 목적이 있다. 스승이 누구인지보다 어떤 것을 어떻게 배울 것인지에 관심이 많다. 배우고 싶어서 배우는 것이지 사람이 좋아서 그 사람으로부터 배우려고 하는 것이 아니다. 무엇인가를 배우겠다고 하면서 막상 가르쳐 줄 사람이 너무 어리다는 이유로 배움을 거부하는 어른들이 너무 많다. 비록 신체적 나

이와 정신적 경험은 부족할지 몰라도 배우려고 하는 그 지식이나 기술, 그리고 열정만큼은 생각했던 것처럼 어리지 않다. 명심보감에 "배움에는 왕도가 없다(지만 어린애한테 뭘 배울 수 있겠어?)."라고 생각한다면 스스로 꼰대라고 생각하면 될 것 같다.

내가 나의 인생 도전과제만을 바라보며 20년을 달려온 것처럼 내 주변에도 본인의 도전만을 바라보며 전진하는 사람이 있다. 프로 야구선수가 꿈인 나의 큰 아들과 프로 게이머가 꿈인 둘째 아들이 그 주인공이지만 이번엔 야구선수가 꿈인 아들에 대해 말해보려 한다. 처음 아들이 운동을 하겠다고 했을 때 운동선수로 성공할 가능성에 대해 궁금했다. 물론 실력만 가지고 성공하는 것이 아니라는 것을 조직 생활을 통해 충분히 경험했지만 말로만 듣던 어렵다는 것이 도대체 어느 정도인지 궁금했다. 검색과 통계 등을 통해 확인한 결과는 생각보다 더 어려웠다. 공부로 서울대를 들어가는 것이 더 쉽다는 확률이 내 앞에 나타난 것이다.

확률이란 무엇인가를 시작하기 전에 가능성 여부를 논할 때 가장 중요한 지표이긴 하지만 절대적이진 않다. 나 또한 군 생활을 처음 했을 때 20년을 살아남아 연금을 받으리라 생각했던 동기나 같은 부대 선배들이 없었다. 모두들 대놓고 "너 군 생활 포기했냐?"라고 말하고 다닐 정도였다. 모든 것은 끝날 때까지 가봐야 성공인지 실패인지 알 수 있지 과정에서는 그 누구의 말도 정확하지 않다. 아무도 미래의 결과를 모른 채 그저 본인의 생각대로 추정하고 예상만 하기 때문이다.

결국 내 동료들의 생각보다 그리고 사실 그렇게 말한 그들보다 더 오래 군에서 버텼고 학업과 경험 등 원하는 모든 것을 성취했다.

난 나와 관련된 모든 것을 할 때 "길이 없으면 만들어서라도 가고, 걸어가지 못하면 기어서라도 간다."라는 생각과 함께했다. 이러한 생각은 나뿐 아니라 내 가족들과 관련된 일을 할 때도 적용된다. 이런 내 생각을 강조하거나 강요하는 것이 아니다. 그저 길이 없을 땐 만들 수 있다는 것을 알려주고 걸어가지 못할 때 기어서도 갈 수 있다는 것을 알려주고자 한다. 알게 모르게 함께 살면서 봐온 내 모습을 통해 간접적인 경험이 되었기를 바라는 심정이 사실 가장 크다.

확률이 낮은 야구선수의 길을 묵묵히 가고 있는 것을 보면서 마냥 어린 아들인 줄 알았지만 본인의 꿈에 대한 열정은 그 누구보다 커 지금은 진심으로 아들을 응원하고 있다. 나의 해외 근무로 인해 잠시 중단된 야구를 다시 시작하기 위해서 초등학교 6학년을 한 번 더 해서 중학교를 가야만 했다. 난 그러한 본인의 결정 또한 의심 없이 절대적으로 지지했다. 어릴 때 이후론 본 적 없는 함박웃음을 야구장에서만 볼 수 있다면 내 아들은 현재 올바른 도전을 하고 있다고 확신했기 때문이다.

같은 사무실에서 일하는 선배들이 이제 성인이 된 자식들에 대한 걱정하는 것을 종종 듣게 된다. '집에서는 게임만 하거나 잠만 잔다고, 그러다 밖에 나가는 날에는 술만 먹고 들어온다.'고 말이다. 아무 고민 없이 아무 생각 없이 사는 게 너무 한심해 보인다는 것이다. 물론 그렇게 생각하는 것이 부모이니 당연히 고민도 걱정도 많은 게 당연하다.

그럴 때 난 선배들에게 물어본다. '자식들하고 친한지 그리고 자식들이 무엇을 하고 싶어 하는지는 아는지'에 대해서 말이다. 그러면서 추가로 "자기 인생에 대해 가장 생각을 많이 하는 것도 그리고 가장 많이 답답한 것도 본인이지 않겠어요. 그러니 걱정하지 말고 기다려 보세요."라고 말한다. 내가 선배들보다 더 잘 알아서 하는 말이 아니다. 그저 선배들의 현재를 통해 다가올 나의 미래에 대해 연습해 본다 생각하기 때문인데 만약 몇 년 뒤에 같은 상황이 온다면 지금의 선배들보다 더 현실적이고 효과적으로 대응하고 싶기 때문이다.

tvN 《어쩌다 어른》에서 김창옥 강사는 강의에서 '배려와 예의는 지능과 관련' 있다고 했다. 지능이 높을수록 주변 사람에 대한 배려가 깊고 예의가 아주 많다는 것을 의미한다는 것이다. 만약 스스로가 지능이 높은 연장자가 되고 싶다면 후배들의 입장에서 생각하고 말을 해서 '꼰대'라는 말을 듣지 않아야 한다. 지위고하에 상관없이 남을 배려하고 예의 있게 대하는 것이 가능해지면 세상 모든 사람이 나의 스승이 될 수 있다. 사방에 널려있는 게 배움이다.

> 항아리를 보지 말고 그 안에 든 것을 보아라.
>
> 탈무드

관심 있는 분야라면 흠뻑 젖어봐라.

직업과 취미의 차이를 쉽게 설명할 수 있을까? 나 개인적으론 직업은 돈을 얻는 것이고 취미는 즐거움을 얻는 것이라고 정의하고 싶다. 많은 직장인들은 돈을 벌기 위해 받은 스트레스를 취미생활을 통해 날려버리고 다시 일터로 돈 벌러 가는 모습이 평범한 모습이라 생각한다. 아이러니한 것은 직장에서는 돈을 벌면서도 괴로워하지만, 취미생활로 많은 돈을 쓰면서도 즐거워한다는 것이다. 즉, 돈을 벌 때는 이성이 지배적이지만 본인이 좋아하는 취미생활을 할 때는 지극히 감성적이란 얘기이기도 하다.

관심 있고 재미있는 것을 발견 하면 시간 가는 줄 모르고 집중한다. 불행하게도 보통 우리는 직업이 아닌 취미생활을 할 때 이러한 상황을 경험하곤 한다. "덕업일치"란 말을 들어봤을 것이다. 좋아하는 것과 돈벌이를 같이 하는 사람들을 일컫는 말로 정말 행복한 사람들이라 할 수 있다. 흥미롭고 재밌는 일을 발견하게 되면 그 일의 끝을 생각하지 말고 "덕질"을 해보길 바란다. 인생을 살면서 과연 몇 번의 덕질거리를 찾을 수 있을 거라 장담하는가. 아마 아무도 장담하기 힘들 것이다.

주변에 주말이나 휴일을 정말 알차게 보내는 사람들이 많다. 특히 날씨가 좋은 날에 한강에 가보면 자전거를 타는 많은 사람들을 볼 수 있다. 화려한 복장에 좋은 자전거들이 줄을 지어 한강이나 남산에서 목격된다. 이들 중 프로 사이클리스트를 만날 확률은 아주 낮지만, 이들은 일하며 느낀 스트레스를 본인의 가장 좋아하는 취미생활로 날려버리고 재충전을 하는 사람들이다. 그렇지만 자세히 들여다보면 보통 취미생활과는 차이가 있다. 취미라고 하기 엔 모두들 진심으로 자전거를 대한다는 것이다. 누구를 위해 자전거를 타는 것이 아닌, 나 스스로를 위해 자전거, 복장, 장구류 등의 구매에 진심을 다한다는 것이다.

"덕후"란 앞에서 말한 돈을 사용하면서도 극도의 즐거움과 행복함을 느끼는 단계에 있는 사람들을 의미한다. 때로는 자전거를 타고 좋은 날씨를 느끼며 좋은 풍경을 보며 좋은 음식을 먹기 위해 일주일을 버티는 사람들도 있다. 게다가 이들은 자전거만 타는 것이 아니라 갖고 있는 자전거와 관련된 지식도 상당하다. 그로 인해 본인의 동호회에 새로운 사람들이 들어온다면 처음부터 차근차근 설명도 가능하며 같이 하는 라이딩을 통해 경험도 전수해 줄 수 있다. 말 그대로 이 사람들은 그들의 취미생활에 완전 빠져 있다는 말이다.

"밀덕"이란 말을 들어봤을 것이다. 군대에 관련해 많은 관심과 지식이 풍부한 사람을 일컫는 말이다. 보통 프로라고 하면 한 분야에서 최고의 경지에 올라 그로 인해 수입도 창출해 내는 사람을 뜻한다. 보통 사람보다 프로는 관련된 것들을 더 많이 알고 더 많이 이해하고 있어야 한다는 것이다. 그렇지만 현실은 그 반대인 경우가 많다. 취미에 홀딱 빠진 덕후를 이길 프로는 없다. 즉, 좋아서 하는 사람을 이길 방법은 없다는 것인데 그 말은 “그냥 일하는 사람은 즐기는 사람을 이길 수 없다.”라고 해석해도 될 것이다.

나와 같이 살고 있는 작은 아들은 중학생이지만 전 세계의 무기에 대해 모르는 것이 없다. 프로 게이머가 되기 위해 어느 정도 필요한 것은 알겠지만 그래도 필요 이상으로 많이 아는 거라고 느낄 때도 있다. 학교에서 배우는 수학은 어려워해도 그 많은 총기의 이름과 성능을 알고 있는 이유는 바로 관심이 많기 때문일 것이다. 그 누구도 알아야 한다고 말한 사람이 없고 학교에서처럼 시험 본다고 말한 사람도 없지만 무기와 관련해서는 항상 진심이다. 퇴근하고 들어온 나에게 각 나라별 총기에 대해 물어볼 때마다 내가 할 수 있는 말은 조금씩 줄어든다. 아들의 그런 모습은 시간이 지나면서 모든 것에 대한 관심 속도가 느려지는 내 열정에 다시 동기부여가 되곤 한다.

예전 화천에 근무하면서 동갑내기 여군 모 중사가 있었다. 업무 관계 외에는 대화의 기회가 전혀 없었지만 하루는 정말 놀라운 것을 알게 되었다. 조용하고 비활동적이라고 생각했었던 모 중사는 철인 3종 경기를 하는 선수였다. 서로 대화를 하다가 알게 된 모 중사의 취미에 정말 놀랐다. 거의 매일 수영장에서 수영훈련을 했고 주말엔 자전거훈련을 한다는 이야기에 말이다. 겉모습을 보면 많이 피곤해 보이지만 대화의 에너지는 아주 강했다. 힘들지만 철인 3종 경기가 모 중사의 삶을 지배해 하루하루를 가치 있게 살아가게 해주고 있다는 확신이 들었다. 난 "좋은 자전거 사주는 사람이랑 결혼하고 싶다."라고 웃으며 했던 말이 여전히 기억난다.

보통 우리들은 취미생활을 직업보다 진심으로 하는 사람을 보고 "주객전도"란 표현을 쓴다. 그 말의 진정한 뜻은 해야만 하는 일보다 하고 싶은 취미에 더 많은 관심과 열정을 쏟는 다는 뜻으로 받아들여야 할 것이다. 물론 부정적으로 생각하는 사람들이 있겠지만 더 중요한 것은 긍정적인 취미가 긍정적인 직장생활로 이어질 가능성이 높다는 것이다. 열정을 쏟을 일을 찾지 못했다면 본인도 찾으면 되는 것이지 이미 찾은 사람이 행복하게 지내는 것을 욕할 필요는 없다.

난 포병장교라는 주특기를 갖고 있었지만, 중동지역전문가가 되고 싶었다. 국방부 전체에서도 중동에 관해서는 이전에도 지금도 나보다 잘 아는 사람은 없다. 계급이 높고 나이가 많아서 내 의견을 무시하거나, 또는 채택하지 않을 권한이 있는 것이지 관련 지식이나 능력이 뛰어난 건 아니다. 한 분야의 전문가가 된다는 것은 많은 것을 공부해야 하지만 또 반대로 많은 것을 포기해야 하기도 한다. 게다가 한 분야에 푹 빠져 산다는 것은 주변에서 말하는 쓸모없는 충고를 객관적으로 판단하고 냉정하게 거절해야 한다는 것을 의미한다.

군에서는 "스페셜리스트"와 "제너럴리스트"란 말을 자주 쓴다. 모두 프로가 돼야 하며 프로가 되기 위해 노력을 해야 한다는 것을 잘 알고 있는데 실제적으로 스페셜리스트는 거의 없고 대부분이 제너럴리스트이다. 프로들의 집단이라 생각이 들겠지만 실제로 군은 일반적인 행정 전문가를 양성하는 곳이라 봐도 무방할 것이다. 내가 이러한 말을 하는 이유가 군이 프로 의식이 없는 집단이라서가 아니다. 어느 곳보다도 프로의식과 열정은 넘쳐난다. 단지 아쉬운 것은 군이 아닌 사회 어느 곳에서라도 공정하게 인정받을 객관화된 군 전문성 평가방법이 없다는 것뿐이다.

일이든 취미든 전문성을 갖고 홀딱 빠져봐야 하는 이유가 있다. 한 분야의 끝부분에 도달하게 되면 많은 것을 부수적으로 갖게 된다. 무엇인가를 이뤄냈다는 성취감, 나보다 더 잘 알기는 힘들다는 자신감이 생긴다. 전문성을 바탕으로 한 성취감과 자신감은 다른 사람과의 대화나 다른 회사와의 토론, 회의, 협업에서도 그 능력은 배가되어 발휘된다. 반면에 일도 취미도 끝을 보지 못한 사람은 본인이 익숙한 환경을 벗어나면 하고 싶은 말도, 할 수 있는 말도 없다. 이와 관련해서는 다른 사람으로부터 들은 것도 없지만 어떻게 시작하고 끝을 내는지 경험해 본적도 없기 때문이다.

도전을 한다는 것은 무엇일까? 보이지 않는 신기루에 마침내 도달하는 과정이라 생각한다. 그러기 위해선 목표를 선정하고 성취하여 자신 있게 나아갈 힘과 경험이 필요하다. 도전 과정에서 만날 장애물을 극복하기 위해선 이미 경험했던 성취감과 자신감이 큰 힘이 된다. 직업이든 취미든 상관없이 만약 관심 있는 분야가 있다면 끝까지 빠져보

자. “제너럴리스트”가 아닌 “스페셜리스트”가 되자. 그러한 과정에서 얻은 경험과 결과를 통해 생긴 지식은 성공적인 도전을 위한 가장 강력한 도구가 될 것이다.

> 예술가처럼 창조적인 삶을 살고 싶다면 뒤를 돌아보면 안 된다.
> 당신이 지금까지 무얼 했든 당신이 누구였든지 간에
> 그 모든 걸 내던질 자세가 되어야 한다.
>
> 스티브 잡스

혼자 해냈다는 것은 착각일 수 있다.

계획을 세우고 실행만 한다고 해서 다 성취할 수 있는 것은 아니다. 앞에서 여러 번 강조했지만 같이 일했던 동료들의 도움이 없었다면 어느 하나도 쉽게 얻을 수 없었다. 물론 내 추진력이나 동료들의 도움이 있어도 힘든 일은 분명히 존재하지만 그들의 지혜와 경험을 빌린다면 조금 더 쉽게 극복할 수 있다. 만약 지금까지의 성공을 오로지 본인의 노력에 의한 것으로만 생각한다면 더 이상의 도전은 의미가 없다. 당장 지금부터라도 주변의 경험과 지혜가 내 도전에 큰 도움을 준다는 것을 믿어야 한다.

장교가 되기 위해 영천에서 많은 훈련과 교육을 받았지만 그중 가장 힘들었던 것은 단연 "화산유격장"에서의 유격훈련이었을 것이다. 다시 유격훈련 중 힘든 순위를 나눈다면 나는 망설임 없이 입소 행군 40km를 선택할 것이다. 군 생활하면서 행군이야 익숙해졌지만 그 당시엔 가장 걱정이 많이 되는 훈련이었다. 화산유격장에서의 유격훈련 역시 힘들었고 그로 인한 추억들이 많이 남아있지만 입소행군이 내 기억에 가장 많이 남아있는 것은 조금 다른 이유에서였다.

입소 행군의 하이라이트는 화산을 올라 훈련장까지 가는 마지막 코스일 것이다. 물론 거의 다 왔다는 생각에 긴장이 풀린 이유도 있겠지만 아무리 걸어도 그 길의 끝이 나오지 않았다. 마치 마법에 걸린 듯 아니면 귀신에 홀린 듯 걷고 걸어도 끝이 나오지 않아 정말 힘든 구간이었다. 체력도 정신력도 한계가 되어 마지막에 어떻게 유격장에 도착했는지 지금도 정확한 기억이 없다. 산을 거의 다 오르고 마지막 평지가 나오기 전부터 내 기억은 정확하지 않기 때문이다.

더 이상은 힘들다고 생각했고 이제 모든 것을 포기해야 하는 순간이 왔다고 생각했다. 내 앞에 걷고 있는 동기의 전투화만 보면서 걷는 내 눈에 조금씩 동기의 몸이 보이기 시작했다. 결국 머리가 보이기 시작했고 마지막 기억은 파란 하늘이 내 눈에 들어왔었다. 말 그대로 내 몸은 힘을 잃고 뒤로 넘어지고 있었던 것이다. 정말 놀라웠던 것은 파란 하늘 다음엔 내 뒤에 오던 동기의 얼굴을 보겠구나 했는데 넘어지지 않았다는 것이다. 난 내 몸을 지탱할 힘도 의식도 전혀 없었고 더 이상 내 귀엔 아무 소리도 들리지 않았는데도 말이다.

누군가 내 군장을 밀어주는 힘에 내 얼굴이 원래 위치로 돌아오면서 다시 동기의 전투화가 내 눈에 보였다. 내 뒤에 오는 동기의 도움으로 마지막 '죽음의 구간'을 무사히 넘기고 유격훈련장에 도착할 수 있었다. 만약 막바지에 도움을 받지 못했다면 산이었기 때문에 헬기로 응급 후송을 갔을 것이고 오늘의 나는 결코 없었을 것이다. 유격훈련 입소식을 마치고 나는 뒤에서 밀어줬다고 생각한 동기에게 고맙다고 말을 전했지만 당사자 또한 너무 힘들어서 그 상황에 대해 아무것도 기억하지 못했다. 난 내 뒤에서 나를 밀어준 동기의 도움으로 훈련기간 중 가장 큰 위기를 무사히 넘길 수 있었다.

영천에서 무사히 훈련을 마치고 육군 장교가 되어 12년 동안 정말 다양한 도전을 했다. 걱정이 많았던 포병부대에 잘 적응했고 관측장교, 전포대장, 포대장도 무사히 마쳤다. 참모로서 군수과장, 정보과장, 사단 교육장교도 탈 없이 마무리했다. 목적이 있어 다녀온 이라크에서는 생각했던 것 이상으로 많은 것을 얻어 돌아왔다. 훈련받을 때 했던 걱정은 이미 사려졌고 어느새 내 계획을 하나씩 실행에 옮기고 있었다. 화천에서 연금 수령 대상이 되고 나서 또 다른 도전인 사관학교 교수가 되기 위해 영천으로 돌아갈 기회가 왔다. 처음 연락받았을 때부터 난 영천행을 주저하지 않았다.

새로 시작하는 일은 항상 쉽지 않다. 많은 것을 새롭게 해야 하고 새로운 것에 적응해야만 했다. 야전부대나 파병부대와는 또 다른 분위기에 적응하고 익숙해 져야 했다. 그뿐만 아니라 신설학과의 교수로 새로운 것을 만들고 새로운 학생들에게 적용시켜야 했다. 지금까지 육군에서 아랍어와 중동지역학이라는 새로운 분야를 개척하기 위해 노력했던 것처럼 영천에서도 모든 것이 새로웠다. 첫 아랍어 전공 과정, 첫 아랍어과 생도, 그리고 첫 아랍어 교수 등 모든 것을 계획하고 적용하고 평가해야 했다.

항상 힘들고 어려운 것만 있는 것은 아니었다. 새로운 것을 가르치는 보람과 지식을 습득하는 데서 오는 뿌듯함이 교수의 재미라는 것을 점점 알아갔다. 보충수업, 보강수업, 야간수업 등 일반대학과는 완전히 다른 커리큘럼이지만 가르치는 보람이라는 것을 알기엔 충분했다. 잘 알지 못하지만 조금이라도 더 알기 위해 노력하는 그들의 모습에서 다시 한번 내 열정도 불타오름을 느낄 수 있었다. 난 내가 가르친 것보다 더 값진 것들을 교수로 있으며 배울 수 있었다.

3사관학교에서의 임기가 끝나가면서 다음 근무지를 정해야 했다. 내가 원한다고 갈 수 있는 것이 아니라 본부에서 정해주는 곳을 기본적으로 가야 하지만 난 그러기 싫었다. 더 이상의 진급을 바라지 않는 상황에서 무의미하게 포병부대로 돌아가는 것은 싫었다. 나의 몫을 하러 돌아가는 것이 아닌 다른 사람의 '들러리'가 되기 위해 돌아간다는 것 자체가 너무 싫었기 때문이다. 지금까지처럼 내가 설계한 내 삶대로 계속 살기로 결심하고 화천을 떠난 것이라 포병과 상관없는 다음 근무지를 알아보기 시작했다.

서울 국방부에서 근무할 수 있는 곳이 있어 방문했지만 긍정적인 답변은 듣지 못했고 그래서 나는 스스로 방법을 찾기 위해 생각했다. '어떤 도움을 받지 못한다면 직접 가는 길을 만들어서라도 가겠다.'고 말이다. 용산 국방부가 안 된다면 옆 건물인 합참에서라도 근무할 수 있는 방법을 찾아보기 시작했고 곧 답은 이집트 지휘참모대라는 결론이 났다. 사실 지참대는 내가 중동지역전문가가 되기 위해 계획한 도전이었지만 지참대를 졸업하면 합참에서 일할 수 있다는 사실은 몰랐다. 자연스럽게 지참대에 지원해야 할 이유가 한 가지 더 생긴 셈이었다.

사실 2015년부터 국방부에서는 이집트 지참대에 갈 생각이 있냐고 물어봤지만 교수 임기가 끝나면 가겠다고 대답을 했었다. 2016년에 다시 의견을 물어봤을 때 무조건 가겠다고 의사를 밝혔다. 중동은 위험지역이라는 인식이 많아 파견을 기피한다는 게 국방부 담당자의 의견이었지만 난 크게 동요하진 않았다. 지원서를 제출하고 면접을 보고 아랍어 시험을 봤지만 사실 합격에 대해 걱정하진 않았다. 지금까지의 학력, 관련 업무, 통역, 선발 등의 경력을 고려한다면 실력으로 떨어질 이유는 없었기 때문이다.

앞서 말했듯이 내 도전과제를 성취하는 데 있어서 내 실력과 더불어 동료들의 도움이 반드시 필요하다. 우선 지참대를 준비하고 있었지만 관련된 사항들을 지속적으로 업데이트해준 육군 본부에 근무하던 동기가 있었다. 합격 여부와는 상관없겠지만 내가 지참대를 꼭 가기를 희망했던 그 동기의 관심은 큰 도움이 되었다. 모르고 들어갔던 면접 장소에서 만난 면접관은 3사관학교에서 근무하고 계셨던 교수님이셨다. 내가 교수로 근무하며 학회에 제출한 3편의 논문에 대해 잘 알고 계셨고 중동지역전문가로서의 전문성 확보에 대해 다시 한번 상기시켜주셨다.

지참대 지원서를 쓰던 날 교수부장님의 도움을 잊을 수 없다. 지원서를 작성하여 부장님께 들어간 나는 솔직한 내 심정을 말씀드렸다. 중동전문가가 되기 위해 지금까지 길을 걸어왔고 앞으로 지참대도 가고 싶은데 걱정이 있다고 말이다. 지참대가 내 마지막 커리어가 될 수도 있을 것 같다는 내 걱정거리를 말씀드렸다. 부장님께서는 '전문가가 되기 위해 계속 노력해라. 네가 전문가가 된다면 꼭 여기가 아니더라도 전문성을 활용할 수 있다. 여기서 일하는 것만 성공적으로 일하는 것은 아니라고 생각한다.'며 말씀하셨다. 그러면서 네가 하는 걱정거리 또한 본부가 알 수 있도록 추천서를 작성해 주시겠다고 웃으며 말씀하셨다.

우리는 주변 지인이나 동료들로부터 실질적은 도움이나 심적인 도움을 받으며 살아간다. 결과만 보면 내 노력이 모든 것을 다 이뤄낸 것 같지만 사실은 그렇지 않다. 비록 내가 100점짜리 시험점수가 있다고 해도 면접 점수가 0점이면 합격할 수 없다. 나 혼자만으로도 얻을 수 있는 시험에 남들과 상호작용하는 면접까지 성공적이어야 원하는 결과를 얻을 수 있다는 말이다.

요즘은 "운칠복삼"이란 말이 있다고 한다. 성공을 위해선 '나의 운과 하늘에서 내려준 복'까지 있어야 한다는 말이다. 즉, 내 행운 70%에 추가로 복 30%가 합해져야 성공을 할 수 있다는 말로 사람은 도움 없이 무엇인가를 이뤄내기 힘들다는 말이다. 특히 요즘같이 힘든 시기에는 더욱 개인의 역량만으로 성공한다는 것은 불가능하다 할 수 있다. 당연히 내가 혼자 모든 것을 해냈다는 것은 대단한 착각이란 것을 명심해야 한다.

> 함께 웃고 울었던 사람들은 더 이상 낯선 사람들이 아니다.
>
> 탈무드

발 없는 말이
천 리 간다는 걸 잊지 마라.

"발 없는 말이 천 리 간다."는 말을 들어봤을 것이다. 이 말은 '말과 관계'의 중요성에 대해 가장 잘 설명한 것이라 생각한다. '말은 비록 발이 없지만 순식간에 퍼진다.'는 의미로 말을 함에 있어 신중을 기해야 함을 비유적으로 이르는 말이다. 이러한 말은 좋은 관계에 따라 때론 더 강한 전달력을 제공하기도 한다. 내 입에서 나간 말은 더 이상 내 것이 아니라는 말이 있듯이 말의 중요성은 아무리 강조해도 지나치지 않는다.

요즘 우리는 주기적으로 만날 수는 없지만 공통된 관심사를 갖고 있는 사람과 온라인상으로도 친분을 쌓는다. "인친", "페친" 등 과거와는 상당히 다른 방식의 친구라는 인적 네트워킹이 형성되고 있다는 것이다. 같은 취미를 공유하며 원하는 도전과제를 성취해 가며 서로를 응원하고 끌어주며 지지하는 역할이 주를 이루는 관계이다. 때론 온라

인상의 친구들은 오프라인에서의 만남을 통해 급속도로 "찐친"이 되어 가기도 한다. 서로의 생각과 노하우 공유 등을 통해 서로에게 동기부여가 되며 마음의 힐링을 얻는 사람들이 늘어나고 있다는 것이다.

사람은 시각적으로 본 것이나 들은 것을 바탕으로 궁금한 것을 대화로 풀지 않으면 종종 오해가 쌓일 수도 있다. 그건 SNS 속의 관계나 직장 생활에서도 마찬가지라 생각한다. 처음 본 사진이나 이미지를 통해 상대에 대한 본인만의 고정관념을 머릿속에 저장한다. 그러한 선입견이 하나하나 쌓여 결국엔 상대에 대한 당연함으로 자리 잡게 되면서 모든 것은 본인이 보고 싶은 것만 보게 된다는 것이다. 요즘 생활에 절대적 영향을 미치는 SNS에서나 직장 생활에서도 아주 쉽게 찾아볼 수 있다.

예전에 비해 발 없는 말이 천 리에 닿을 시간적 속도는 아주 빨라졌다. 사람의 입에서 입으로 전해지는 것이 아닌 유명인이나 관심사에 따라 한 번에 수명에서 수천 명까지 전달되기 때문이다. 자칫하면 오랫동안 공들여온 모든 것을 한 번에 잃을 수 있다는 것을 명심해야 한다. 특히 직장 내 경쟁을 하는 관계라고 하면 더욱 더 단점이나 약점을 들키지 않기 위해 노력해야 할 필요가 있다. 대부분의 사람들은 아니겠지만 그 중 본인의 이익을 위해 상대방을 끌어 내리는 사람들이 반드시 존재한다. 즉, 나의 능력을 향상시켜 나를 돋보이게 하는 것이 아닌 상대를 끌어내려 내가 상대적 우위를 갖고 싶어 하는 사람들 말이다.

"낮말은 새가 듣고 밤말은 쥐가 듣는다."란 말 또한 말의 중요성에 대해 알려주는 중요한 말이다. 주변에 전달된 말은 무서운 속도로 퍼

져나가기 마련이지만 특히, 부정적인 말은 그 속도를 측정하기가 사실상 불가능하다. 일반적으로 사람들은 긍정적인 말의 전달보다는 듣는 사람도 말하는 사람도 자극적인 말을 전달하는 것을 좋아한다. 직장 내 승진이나 성과급 등의 직접적인 관계가 있을 경우에는 이런 보이지 않는 전투는 더 치열해진다.

새롭게 근무지를 옮길 때 마다 느끼는 그리 유쾌하지 못한 경험이 있다. 새로 부임할 부대에서는 이전 부대로 나에 대해 많은 것들을 물어본다. 성격, 성향, 취미, 사회성 등 다양한 것들을 물어 나름의 고정관념이란 것을 만든다. 나를 만나기도 전에 이미 그들은 나를 만난 것처럼 나에 대해 많이 안다고 생각하고 있다가 직접 나를 대면하게 된다. "생각보다 첫 인상이 좋으시네요?" 등 이미 다양한 생각들을 했다는 의미의 대화들이 첫 만남에서 오고간다. 본인과 다른 길을 걸었고 다른 생각을 한다는 이유로 이미 그들이 만든 고정관념에서 나 스스로 깨고 나오지 못한다면 그들이 만든 고정관념은 자연스럽게 내 것이 되고 만다.

나처럼 '뭐 굳이 그런 노력할 필요가 있나?', '믿고 싶은 대로 믿게 두고 난 내 맘껏 살자.'라고 생각하고 살면 정말 편하지만 보통의 사람들은 주변의 반응에 민감하기 마련이다. 20년 군 생활을 하면서 본인의 길을 뚝심 있게 걸어 나가는 사람을 그리 많이 보지 못했다. 거의 대부분은 내 생각이 아닌 주변의 판단과 참견에 민감하게 반응하며 극도의 스트레스를 받는다. 그러한 사소한 애기와 판단으로 본인의 입지가 약해지고 그 결과가 승진에 영향을 끼치는 악순환의 고리를 쉽게 무시할 수 없기 때문이다.

모르는 사람을 미리 알기 위해선 아는 사람에게 물어보는 것은 아주 합리적인 방법이다. 그러한 방법을 통해 서로를 위해 응원할 것은 응원하고 피할 것은 피하는 올바른 방법으로 활용된다면 말이다. 문제는 누구에게서 나에 대한 얘기를 들었는지가 아주 중요하다는 것이다. 즉, 얼마의 신빙성이 있는 사람에게서 나에 대한 정보가 왔는지 말이다. 나를 싫어하는 사람인지, 나를 모르는 사람인지, 나를 좋아하는 사람인지 아무도 모른다는 것이다. 말하는 사람만이 갖고 있는 주관적인 생각에 따라 난 좋은 사람도, 나쁜 사람도 될 수 있다는 말이다.

그렇다고 이러한 분위기를 완벽하게 무시하면서 일을 하는 것은 사실상 불가능하다. 싫든 좋든 이러한 환경에서 우리의 목적달성을 위해 고군분투해야만 하는 것이 현실이다. '피할 수 없으면 즐겨라'라고 한 말처럼 없어지지 않는다면 역으로 적절하게 활용해야 한다. 나의 부정적인 말보다는 나의 긍정적인 발 없는 말이 천 리를 갈 수 있도록 말이다. 나의 모든 것을 상대에게 보여줘 나에 대해 잘 알게 할 필요는 없다. 물론 이러한 방법을 실행하기 위해서 내가 감당해야 할 부분이 상당히 크다. 주변 동료를 대함에 있어 사무적인 분위기를 잃어서는 안 된다. 즉, 기분, 상태, 건강, 관계 등에 대한 내 입에서 나가는 내 정보만큼은 스스로 막아야 한다. 내 입에서 나간 모든 것은 내가 인정한 공식적인 사실이 되기 때문에 그와 관련된 모든 것들은 돌이킬 수 없는 진실이 될 때가 많다.

동료들과의 협력이나 협조에 관해서도 사적인 이득보다는 공적인 관계를 유지해야 한다. “아무리 바빠도 내 일보다 남의 일을 먼저 처리해 주라.”는 것은 성공적인 군 생활의 불문율이다. 다른 부서의 업무를 먼저 돕고 내 업무를 하느라 야근을 하게 된 경우에 얻게 될 나에 대한 소문이 더 값지기 때문이다. 물론 말이 되지 않는다고 생각되지만 20년간 경험한 군 생활에서 가장 중요한 것은 다른 사람이 주관적으로 생각하는 나에 대한 근거 없는 생각이었다. 일반 조직과 크게 다르지 않다고 확신한다.

긍정적으로 ‘내 말을 천 리 보내기’ 위한 좋은 방법이 하나 더 있다. 업무든 아니든 상대방이 정말 잘 아는 부분에 대해 자문을 구해보는 것이다. 비록 그 부분에 대해 내가 어느 정도 안다고 해도 내가 조언을 해주면 상대방은 도움이 되어야 한다는 생각에 적극적인 도움을 아끼지 않는다. 물론 일이 잘 마무리되고 나서 반드시 조언자에게 감사함을 표하는 게 더 중요한 점이라는 것도 명심하자. 그러한 과정에서 상대방은 나를 도와줘야 하는 대상으로만 인식하게 되고 나에 대한 경계심을 풀게 된다. 굳이 결승전에서 만날 상대에게 예선전부터 내 능력을 모두 보일 필요는 없다.

보통 “너만 알고 있어, 우리 둘만 아는 거야”라고 말할 때 그건 더 이상 비밀이 아니라고 한다. ‘너만 알고 있고 우리 둘만 아는’ 상대가 계속 많아진다는 말이다. 20년간이 조직 생활에서 가장 잘 배웠던 것은 말을 조심하는 것이었다. 남에 대한 것이든 나에 대한 것이든 가능한 최소화해야 한다. 남에 대한 얘기는 뒷담화로 나에 대한 얘기는 사실 인정으로 받아들여져 나에게 이로울 것이 전혀 없기 때문이다. 본인의 실력보다 주변 소문에 의해 힘들어 하던 동료들을 많이 봤다. "발 없는 말은 천 리 간다."는 말을 절대 잊지 말자.

> 모든 사람들에게 인사하는 일을 맨 처음 하라.
>
> 탈무드

나갈 때 까지 나가는 것을 들키지 마라.

선한 일을 하거나 후원을 할 때 자주 쓰는 표현에는 "오른 손이 하는 일을 왼손이 모르게 하라."가 있다. 성경 마태복음에 나오는 구절로서 선행은 하나님을 기쁘게 하기 위함이지 칭찬을 받는 게 목적이 아니라는 뜻으로 사용된다. 비록 좋은 뜻으로 사용할 수 있겠지만 여기서는 '내 신체의 한 부분조차도 다른 부분이 하는 일을 모르게 조용히 진행하자'란 뜻으로 사용하고 싶다. 무엇을 할 때 완전히 결정되기 전까지는 경거망동하여 손해를 볼 일을 만들지 말자는 뜻이다.

우리 조직의 특성상 자신감이나 자존감과 자만심이나 건방짐을 구분하지 못한다고 생각한다. 물론 동료들 내에서 어떤 면으로든 확실한 믿음이나 친분이 형성되어 있다고 하면 그 사람은 무엇을 하든 주변의 환영과 지지를 받을 수 있음엔 틀림없다. 즉, 친하거나 좋아하는 사람이 무엇을 하건 모두 그 사람을 지지한다는 것이지만 여기에도 한 가지 조건은 있다. 나와의 직접적인 경쟁 구도에 있지 않아야만 한다. 경쟁 관계에 있는 동료의 일거수일투족이 나의 경쟁 구도에 어떤 영향을 미쳐 내가 인사상 이득을 받지 못한다면 그땐 말이 달라진다.

자신감이 넘치는 동료들을 주변에서는 좋게 보지 않는다. 아마도 나보다 열정적이고 적극적인 이미지로 인해 내가 받게 될 상대적 비교로 인한 염려라고 생각한다. 실제로 갖고 있는 생각도 능력도 다르지만 인사적 측면에서 우수하게 평가받고 싶은 인간의 본능은 그리 잘못된 것은 아니다. 그렇다고 내가 갖고 있는 자신감이나 적극성을 버려 업무적 한계를 스스로 만들면서까지 동료들과의 관계를 강화하는 방법 또한 좋은 방법은 아니다.

만약 업무 지시에 대한 파악 및 실행능력이 우수하여 동료들의 도움 없이 혼자 완벽하게 처리한다면 동료들의 시기와 질투는 칼이 되어 돌아올 가능성이 크다. 한국은 '내가' 아닌 '우리가' 중요한 사회적 특성을 갖고 있어서 종종 조직의 이익과 개인의 권리가 상충할 때가 있다. 나란 존재의 부각은 곧 '겸손하지 못한', '잘난 척하는' 사람으로 잘못 비쳐 조직 내에서 일과 관계에서 부정적 영향을 끼칠 때가 훨씬 많다는 것이다. 나의 엄마를 소개할 때 "우리 엄마"라고 표현하는 한국의 정서를 충분히 이해해야 한다.

비교의 대상에서 돋보이고 싶지 않은 인간은 없다. 우리 모두는 비교 대상으로 어릴 때부터 지금까지 살아왔고 그런 환경에 익숙하다. 그 환경에 대해 자신의 의사만 존재할 뿐 사회가 갖고 있는 비교는 쉽게 바뀔 요소가 아니다. 앞서 말했지만 비교의 상황에서 가장 쉬운 것은 내 노력으로 내가 더 높은 점수를 받는 것이 아니다. 나는 편안히 있으면서 상대를 감점시키는 방법이 가장 쉬운 방법이다. 쉽게 발견한 흠이나 단점을 조금만 이용하면 훨씬 쉽게 상대를 이길 수 있다는 뜻이다.

특히 도덕적 성향이 조직 내에서 상당한 영향을 끼치는 우리 사회에서는 더욱 더 동료들과의 관계나 평가는 무시할 수 있는 것이 아니다. 군 내부의 인사평가 시스템 중에는 동료들끼리 시행하는 상호평가와 상·하급자들 간에 시행하는 상하평가 시스템이 있다. 이 평가의 가장 중요한 점은 사실 업무 능력이 아니라 조직 내 수평과 수직적 동료들과의 의사소통이 얼마나 중요한지를 반영한 평가라고 할 수 있다. 물론 이 평가가 얼마나 객관적이고 투명한지와는 상관없이 말이다.

개인적으로 "안에서 새는 바가지 밖에서도 샌다."란 말을 자주 사용한다. 이 말은 어느 한쪽에서 잘하는 사람이 다른 쪽에선 못한다는 뜻이 아니다. 언제나 한결같기를 바라는 우리의 마음과는 다르게 사실은 성격이나 성향이 그리 크게 다르지 않다는 것을 의미한다. 능력이 출중한 사람은 어느 조직에서든지 필요한 사람이란 말인데 우리 주변에서 보는 "프로 이직러"들이 그에 가장 적합한 예라고 할 수 있다. 그들은 시기가 어떻든 상황이 어떻든 언제나 본인이 원하는 곳에서 최선을 다할 준비가 되어있고 실제로도 최선을 다하는 사람들이다.

조직 내에서 능력이 출중한 사람은 최선을 다할 필요가 없는 사람이라는 선입견이나 오해가 존재한다. 동료들은 '여기 아니더라도 다른 곳에서 충분히 일할 수 있지 않냐'는 주장으로 그들이 갖고 있는 일에 대한 열정과 절실함을 매도하기 바쁘다. 만약 이직을 고민하거나 이직을 진행 중인 것이 동료들에게 알려진다면 앞에서는 내일인 것처럼 응원하며 잘되기를 바라겠지만 속내는 그렇지 않다. 나의 퇴직은 '더 이상 여기에선 절실함 없다.', '여기에서 뼈를 묻으려는 내가 너보다 더 절실하다.'고 반대로 어필하기에 최상의 기회니까 말이다.

상생하거나 발전을 도모하기보다 조직을 떠나기를 궁리하는 사람에게 좋은 감정을 갖고 있기보다는 나에게 어떤 이득으로 작용 될 것인가를 생각하기 때문이다. 만약, 이직을 생각하거나 계획 중이라면 완벽한 순간이 될 때까지 은밀하고 조용히 진행하기를 바란다. 알려진 순간부터 어떤 사람은 일할 사람이 한 명 줄었다고만 생각할 것이고 또 어떤 사람은 인원이 충당되지 않으면 그 일이 내 업무가 될 것이라고 걱정할 것이다. 그와 더불어 어떤 사람은 경쟁자 한 명이 스스로 물러나 승진을 위한 유리한 고지에 올랐다고 생각할 것이고 또 어떤 사람은 지금까지의 묵은 감정의 골을 노골적으로 내놓기도 할 것이다.

완벽한 순간에 완벽한 마지막을 드러내야 한다. 지금까지의 감정과 기분에 들떠 굳이 알리지 말아야 할 것을 미리 알리지 말자는 말이다. 무엇을 하든 무엇을 말하든 적정한 순간은 있다. 나의 행동이나 나의 말 한마디가 내게 도움이 되는 것이라면 참을 필요가 없지만 반대가 된다면 심사숙고해야 한다. 본인의 이득, 특히 경제적 이득 앞에서 감정적으로 대처할 사람을 만나는 건 사실상 쉽지 않다. 집이 경제적으로 여유롭다던가, 월급 외에도 들어오는 '경제적 파이프 라인'이 더 있다면 몰라도 그렇지 않다면 사실상 어렵다.

임관 후 처음 부임한 부대의 장은 신임 장교들에게 "장기할거냐?"라고 묻는다. 의무복무만 하고 전역할 것인지 직업 군인이 될 것인지를 묻는 말이다. 그렇지만 이 질문은 군 생활에서 가장 중요한 질문이라 말할 수 있다. "예"라고 질문을 한 사람은 직업 군인으로서의 노력을 다하고 열정을 갖고 있다고 판단하고 부대는 직업 군인을 만들기 위한 도움을 아끼지 않는다. 반면에 "아니오."라고 대답한 사람은 그 순간부터 열의와 열정은 없는 사람으로 평가되어 하루하루 희생과 봉사가 강제되고 나갈때 까지 최대한으로 사용되는 부품처럼 인식된다. 아직 장기복무자도 아닌데 오로지 대답에 따라 쓸모 있는 사람과 없는 사람으로 분류된다는 것은 정말 아이러니하다.

많은 선배들과 후배들이 나보다 먼저 군 복무를 마치고 사회로 돌아갔다. 그들이 갖고 있던 공통점 한 가지는 군에 대한 긍정적 생각보다 부정적 생각이 더 많다는 것이다. 수년에서 수십 년을 몸과 마음을 다해 근무했던 근무지를 떠나며 많은 사람들은 왜 불만만 갖고 나가는지 생각해 볼 필요가 있다. 스스로가 바랐던 계급에 도달하지 못한 실망감과 근무기간 동안 부품처럼 취급받던 그들의 대우가 가장 큰 이유라 생각한다. 그래도 나갈 때까지 지속적으로 '조직에 대한 열정이 충만하다'라고 어필해야 한다. '인사가 만사'인 한국사회에서 이직이나 퇴직하려고 하는 사람을 퇴사할 때까지 배려하는 문화가 없다고 보기 때문이다.

누구도 혼자서는

자신의 등 뒤에 있는 혹을 보지 못한다.

빌 게이츠

노력하는 유지어터가 되자.

전 골프 국가대표 박세리 감독이 방송에서 한 말은 나에게 큰 감동을 주었다. "반복은 천재를 낳고 믿음은 기적을 낳는다."라는 그 말은 지금도 내 가슴속에 남아 열정과 믿음으로 도전하라 말하고 있다. 도전을 성공으로 끝내기는 쉬울 수 있지만 더 어려운 것은 그 성공을 지속적으로 유지하는 것이라 생각한다. 한번 1등 하는 것보다 반복해서 하는 것이 훨씬 어렵다는 말처럼 성공적인 결과를 지속적으로 유지하기 위한 노력이 아주 중요하다.

개인적으로 '지덕체'라는 말을 좋아하는데 그 이유는 이 안에 내가 갖췄으면 하는 모든 모습이 포함되어있기 때문이다. 내가 어떤 사람이 되고 싶은지 정확하지 않을 때 지덕체를 모두 갖춘 사람이 되고자 한다면 그 도전은 성공한다고 확신한다. 물론 그렇게 말처럼 쉽게 갖출 수 있는 것은 아니고 매일매일 꾸준하게 노력해야 하지만 그래서 더 매력적이라 생각한다. 누구든 쉽게 가질 수 있는 것은 도전의 가치가 없고 도전이란 단어를 쓰는 것도 어울리지 않는다.

지식과 지혜를 갖기 위해 부단히 노력해야 한다. 말 그대로 지식과 지혜는 단기간에 만들어지는 능력이 아니라 오랜 시간의 학습과 경험으로 완성되는 요소이다. 독서나 강의 등을 통해 아주 조금씩 자신의 부족한 부분을 인정하고 채워 나갈 때 완성에 가까운 지식을 습득할 수 있다. 바쁜 일상에서도 시간을 내어 책을 읽고 온·오프라인 강의를 들으면서 노력을 해야 비로소 얻을 수 있단 말이다. 그런 노력을 해서라도 반드시 지식을 갖기 위한 노력은 동반 되어야 한다.

이미 도전을 성공으로 마친 저자들의 지식과 노하우는 성공을 향해 노력하는 우리에겐 어두운 길을 밝혀주는 등불과 같다. 맨 몸으로 맨땅에 헤딩하는 것보다 실패의 확률을 낮추고 성공의 가능성을 높여주는 역할을 한다. 내가 평소에 보지 않는 다양한 장르의 책을 보는 것을 추천한다. 편식이 건강에 좋지 않듯이 편향된 지식 습득 또한 우리의 정신 건강에 좋지 않다. 한 분야의 책을 계속 고집한다는 것은 지식 습득이 아닌 전문성 확보의 영역이란 것을 명심했으면 한다. 순전히 우리의 지적 호기심과 허영심을 채워 도전으로 향하는 다양한 방법을 볼 수 있는 안목이 늘었으면 좋겠다.

세상에 정답은 없다. 내가 간다면 그것이 정답이다. 지식과 더불어 나의 정답을 만들어 가는 방법엔 지혜도 있다. 책에서 통한 지식뿐 아니라 나이, 학력, 경제력 등과 상관없이 경험에서 오는 통찰력도 중요하다. 모든 것을 옳고 그른 것으로 배우지 않는데도 경험한 지혜를 통해 사리 분별을 할 수 있는 사람이 되어간다. 많은 사람들과 대화를 해 보는 것이 중요하다. 대화를 통한 간접경험이 정말 필요할 때 우리에게 값진 지혜를 제공해 줄 것을 믿는다. 도전을 위해 만나는 수많은 갈림길에서 모든 것을 직접 경험하면 좋겠지만 현실은 그렇지 않다. 내가 이번에 풀어야 할 아주 어려운 문제가 누군가는 이미 풀어본 문제라는 것을 반드시 명심해야 한다. 어려울 때 도움을 요청하는 것 또한 지혜를 얻는 방법이다.

요즘 “미라클 모닝”을 통한 자신을 바꾸고자 하는 사람들이 많다. 활용 가능한 시간을 이용해 본인이 부족한 부분을 채워 자신감도 성취감도 얻을 수 있는 방법이라 많이들 선호한다. 특히, SNS 상이나 화상 채팅을 통해 영어공부나 전문지식 습득을 위한 방법으로 활용되고 있는 것을 많이 본다. 평소 알고 싶었던 영어 문법이나 회화, 부동산이나 경제 공부 등 더 많은 지식을 습득하기 위한 노력들이 지역이나 거리 그리고 시간에 상관없이 활발하게 이뤄진다. 이러한 배움의 열정은 취미의 수준을 넘어 재테크나 주식투자 등 수입 창출을 위한 수준까지 발전하게 된다.

무엇인가에 대해 전문성을 갖기 위해 노력해야 한다. 요즘 말처럼 “덕업일치”가 된다면 더욱 좋겠지만 그렇지 않다고 해도 내가 관심 있는 분야에 전문성 확보는 중요하다. 도전의 성공여부를 정하기엔 사실 애매할 수 있지만 정확한 기준을 스스로 정할 수 있다. 일정 금액을 벌고 싶은 경우에는 금액이 그리고 자격획득의 경우에는 자격증이 성공의 기준이 될 수 있다. 한 분야에서의 성공적인 도전을 위해서 수많은 노력과 시도가 필요하듯이 반복적인 노력의 결과로 전문가도 만들어 진다. 그냥 하루아침에 운이 좋아 만들어 지는 것이 결코 아니다. 지금 내가 가는 길의 전문성 확보는 결국 나의 도전을 공식적으로 인정받는 것이고 합당하게 지지 받는 가장 좋은 수단이 된다.

지식, 지혜 그리고 전문성 확보를 위해서도 가장 중요한 것은 신체적 건강함이다. 건강해야 성공적이고 그렇지 않으면 실패라는 말을 하는 것이 아니다. 앞에서 말한 지식과 지혜, 전문성 확보를 위한 부단한 노력이 중요한 것처럼 건강함을 유지하기 위한 노력도 병행되어야 한다는 것이다. 새벽에 일어나 부족한 책을 읽고 퇴근 후에는 좋아하는 강사의 강의를 듣기 위해서도 가장 필요한 것은 체력이다. 도전을 위한 체력은 반드시 유지되어야 하는 항목임엔 틀림없기 때문에 시간을 내어서라도 규칙적으로 준비해야 한다.

52kg으로 대학에 들어간 허약했던 나는 그 후로 건강하다는 소리를 듣기 위해 부단히 노력했다. 나만 그렇게 보이는 것이 아닌 보는 사람 모두가 허약함을 느껴 일을 함에 있어 걱정거리가 되거나 부정적 영향을 보이지 않기 위해서였다. 4년 동안 나만의 처절한 싸움을 해야만 했고 결국 원하던 도전을 성공으로 마무리 했다. 신체적 성공은 그 어떤 것 보다 자심감이나 자존감 향상에 도움이 된다. 매일 눈으로 보면서 성취감을 느껴 도전에 대한 연쇄반응을 기대하게 만들어주기 때문이다. 다음 도전도 성공적으로 끝낼 수 있을 것 같은 기대감 말이다.

한 번의 성공으로 끝낸다면 도전이란 단어를 사용할 수 없다. 개인적인 만족감을 얻고 자기 합리화하기엔 좋겠지만 지속적으로 유지하고 있을 때 그 빛을 발휘한다고 생각한다. 반복적인 노력을 통해 유지할 때 사람들은 동경도 하고 존경도 하기 때문이다. 그 후로도 20년 동안 그 건강함을 유지하기 위해 노력했다. 때론 75kg 이상도 때론 이하도 되었지만 적정한 몸을 유지하기 위해 최선을 다했다. 지금도 주말을 제외하곤 체력단련에 신경을 많이 쓴다. 주 중 세 번의 근력운동과 두 번의 유산소는 꼭 지키려고 노력을 하고 있다. 20년 전 신체적 콤플렉스였던 내 몸은 그 후론 단 한 번도 내 콤플렉스였던 적이 없다.

장기적인 목표를 실행하기 위해선 추진력을 잃지 않는 것이 가장 중요하다. 시간이 오래 걸린다는 것은 그만큼 자기관리가 철저해야 하며 자기와의 치열한 싸움에서 이겨야함을 의미하기 때문이다. 한 순간에 얻을 수 있는 성공은 없다. 성공을 향해 공부하고 경험하고 노력해야 비로소 얻을 수 있는 것이다. 단기간에 다이어트를 성공한 사람은 한 번의 "바디프로필" 사진을 찍기엔 충분하지만 건강을 잃는 경우가 많다. 인생이라는 도전의 바다에서 추진력을 잃지 않고 나아가려면 지덕체 모든 분야에서 "유지어터"가 되야 한다.

하이브 방시혁 대표는 서울대 졸업식에서 "반복은 습관이 되고, 습관은 소명이 된다."는 명언을 남겼다. 그 뜻은 언제든 내 앞을 가로막는 방해물을 제거하고 넘어서려고 노력하면 결국 행복한 결말을 맞을 수 있다는 것이다. 도전을 성취하기 위해 오늘 내가 하는 반복은 나를 도전의 끝으로 데려갈 기적이기도 하고 행복이기도 하다. 비록 순탄한 길은 아니겠지만 우리의 믿음이 우리에게 기적과 행복을 제공하기 위해선 포기하지 말아야 한다. 장기전에 적합한 추진력을 얻을 수 있는 방법은 지속적인 관리를 통해 매일 노력하는 유지어터가 되는 것뿐이다.

> 자신이 풍요롭게 사는 모습을 그리면 풍요가 나타날 것이다.
> 이 법칙은 시간이나 사람을 초월한다.
>
> 밥 프록터

움직일 때 세포가 살아있음을 느낀다.
그래서 도전은 계속된다.

로마제국의 제16대 황제인 마르쿠스 아우렐리우스는 “우리의 인생은 우리가 생각하는 대로 만들어진다.”고 말했다. 스스로에게 행복한 생각과 감사할 일들을 제공하면, 마음을 희망과 기쁨으로 채울 수 있다는 말이다. 매사에 긍정적인 생각으로 자신을 가득 채운다면 그 생각들이 나를 이끌어 실패를 줄이고 성공으로 나아가게 해준다. 지금 하는 일에서 목표를 정하고 도전 할 때 얻은 행복은 당신을 더 큰 도전과 성취의 세계로 안내 할 것이다. 우리가 하는 일에서 행복을 못 찾는다면 더 이상 행복을 찾을 수 있는 방법은 없다.

처음부터 군인이 되려고 한 적 없었다. 어릴 때부터 허약한 체질이었던 나는 고등학교를 졸업하고 대학에 들어갔을 당시에도 세상 제일 싫은 것이 군 복무였다. 어쩔 수 없이 입대해야 한다는 사실은 받아들였지만 그런 날이 가능한 한 늦게 오기만을 바라며 대학 1학년을 보냈다. 그랬던 내가 장교가 되기 위해 대학 4년을 준비하고 졸업 후 20년을 근무하면서 느낀 단 하나의 감정은 '살아있음'을 느낀 것이었다. 물론 어느 것 하나 쉬운 것이 없는 것이 군 생활이지만 그 안에서 내가 살아있음을 느낄 수 있는 것을 찾아 도전하면서 내 생각은 변했다.

정말 이상한 것은 똑똑한 사람도 돈이 많은 사람도 공부를 잘하는 사람도 군대라는 곳만 오면 똑같아진다는 것이다. 정해진 시스템 안에서 역할을 다하는 톱니바퀴처럼 각자 맡은 일만 잘하면 아무런 문제가 없다 보니 생각이나 개성은 전혀 필요 없기 때문이다. 그러니까 해야만 하는 것이나 하라고 하는 것만을 하다보면 자연스럽게 더 이상 생각하는 법을 잊어버리게 된다. 어쩌면 생각을 하면 할수록 스스로가 힘들어지는 조직 생활의 특성이 스스로 생각하는 법을 버리게 하는 것일 수도 있다.

평생 하고 싶었던 일을 하는 천운을 타고난 사람도 분명히 있겠지만 대부분의 사람은 그렇지 못한 게 현실이다. 그렇다면 차선책으로 지금 하는 일에서 나의 존재감을 느끼게 해줄 목표나 도전의 요소를 찾는 것도 한 방법일 수 있다. 아니면 반대로 목표나 도전의 대상을 찾을 수 있을 것 같은 일을 하는 것도 방법이다. 임관 전 생각하고 계획한 것보다 현실에서 본 기회는 더 다양했다. 한 가지 아쉬운 것은 주변의 많은 기회를 보지 못하고 경주마처럼 당장 앞만 향해 달려가는 동료들이었다. 큰 조류에 휩쓸려 떠내려가는 사람처럼 주변을 볼 정신적 여력이 없었다.

물론 직장에서의 도전과제로 어느 정도의 승진을 염두에 둘 수 있지만 계급적 승진으로 성공의 여부를 결정할 수 없다. 누구든 그 자리를 거쳐 결국은 그곳을 떠나게 되어있는 것 또한 시스템이기 때문이다. 지금 일하는 곳에서 나의 도전을 계속하고 스펙을 쌓아가는 것은 단지 승진하기 위한 것이 아니다. 적극적이고 긍정적인 생각으로 직장 생활을 하며 얻은 내 스펙을 내가 더 원하고 즐거운 곳에서 쓸 수 있게 준비하자는 것이다. 나의 가능성을 스스로 닫지 말고 활짝 열어 놓고 현재의 나와 미래의 나를 위해 준비해야 한다. 내 동료들은 결국 퇴직할 때가 돼서야 자신이 너무 앞만 보고 달렸고 주변을 전혀 둘러보지 못했다는 것을 후회했다.

누구나 후회하거나 아쉬워할 수 있다. 어차피 이런 감정은 무엇인가가 끝이 났을 때 느낄 수 있는 감정이지 진행 중일 때 느끼는 감정은 아니다. 일을 함에 있어 정통할 필요는 있지만 스스로를 위한 가능성을 다 닫을 필요는 없다. 남에게 내가 갖고 있는 다양한 가능성과 기회를 모두 보여줄 필요도 없지만 그렇다고 나 스스로 내 기회를 차단할 필요는 더더욱 없다. 도전을 위한 연료인 긍정적인 생각과 실행력들을 앞으로 내게 올 다양한 기회를 위해 사용하는 것은 지극히 당연한 것이다.

2021년 한국갤럽이 조사한 "직장생활 평가와 만족도"에 따르면 70%가 동료와의 직장 내 관계는 원활하지만, 25~34세 직장인 중 61%는 이직이나 퇴직을 희망했다. 또한 '성과 보상이나 인센티브 공정', '동종업계 대비 급여 우수 측면'에서는 단지 29%만 그렇다고 답을 했다. 조사결과를 본다면 내가 만나는 10명 중 3명은 나와 관계가 원만하지 못하며 10명 중 6명은 곧 같이 일을 할 수 없다는 말이다. 실제로 많은 사람들이 현재 같이 일하는 동료들이나 하는 일에 대해 긍정적 감정이 없다는 뜻이기도 하다.

원하는 사람하고만 일을 하는 것은 사실상 힘들다. 그렇다고 좋은 관계가 아님을 드러내거나 곧 이직이나 퇴직할 거라고 말하고 다닐 필요도 없다. 회사를 떠나는 그 순간까지 나의 감정을 조절하고 나의 의사를 아낀다면 조금의 도움이라도 더 받을 수 있다는 것이다. 부모자식 간이나 형제자매 간에도 서로 맘에 딱 들 수 없다. 예쁜 모습은 더 예뻐해 주고 싫은 모습은 조금 참아주는 노력이 가족관계에서 필요하듯이 직장에서도 당연히 필요하다.

포대장을 하면서 세 명의 관측장교들에게 장기복무를 희망 하냐고 물어봤다. 그 중 두 명은 희망하지 않는 다고 말했고 한 명은 희망한다고 말했다. 세 명 중 두 명이 희망한다면 내가 도와주기가 많이 힘들지만 한 명만 돕는 것은 그렇게 어렵지 않았다. 안하겠다고 한 두 명 중 중기복무자였던 한 명에게 그 이유를 물었다. 중기복무자가 군에 뜻이 없다면 상대적으로 긴 복무기간이 지루하고 무의미해 질 수 있기 때문이었다. 지난 1년간 경험했던 부대생활, 사람관계 등에 회의를 많이 갖게 된 게 주된 이유라고 했다. 그나마 내가 도울 것은 부대 내 다음 자리를 알아봐 주는 것이 전부였다.

하겠다는 한 명을 부중대장 격인 전포대장으로 임명하여 장기근무자가 되기 위해 부대 차원에서 지원사격 중에 하지 않겠다던 그 한 명이 생각을 바꿔 도움을 요청했다. 이미 부대 내 모든 사람들은 장기복무를 하지 않겠다던 이유와 결정을 알고 있는 상황에서 다시 도움을 주기가 사실 어려웠다. 본인의 생각이 충분히 정리되지 못한 상황에서 터트려 버린 본인의 속마음과 행동으로 정작 원하는 것을 얻을 기회는 사라졌다. 무엇을 하든 결과는 과정에서 알 길이 없다지만 가장 중요한 것은 결과를 위해 출발할 기회마저 잃었다는 것이다.

폴커 키츠의 《마음의 법칙》이란 책에는 자신에 대한 긍정적인 기대나 관심이 실제로 좋은 영향을 미친다고 말한다. 최고라고 말해준 그룹 학생들의 지능지수가 크게 향상된 예를 통해 말하는 대로 이루어지는 '자기충족적 예언'의 긍정적 힘을 보여준다. "나는 앞으로 더 잘 될 거야", "나는 진정으로 행복해!"를 외치며 우리의 열정을 깨우고 도전을 계속하자.

나폴레온 힐의 《성공의 법칙》이란 책에서 작가는 '모든 인간은 성공의 시스템을 갖고 있다'고 말한다. 비록 우리는 기계가 아니지만 어떤 목표를 달성하기 위해 자동으로 작동하고 있다는 뜻이다. 만약 중간에 목표를 향하는 경로가 바뀐다면 자동적으로 바뀐 경로를 찾아 계획한 목표에 도달한다는 뜻이기도 하다. 우리가 이미 성공의 시스템을 갖고 있다면 그 전에 반드시 갖고 있어야 할 단 한 가지는 목표이다. 만약 목표가 없다면 우리가 갖고 있는 시스템은 정상적으로 작동할 수가 없기 때문이다. 우리 스스로가 살아 숨 쉴 수 있는 긍정적인 목표를 갖고 도전할 때 이미 성공의 시스템은 작동중이다.

에필로그

달리는 자전거는 넘어지지 않는다.

코로나19 팬데믹이 끝나고 마스크를 벗는 일상이 찾아왔지만 더 이상 평범이란 단어가 평범하지 않은 세상이 왔다. 우리 부모님 시대의 시스템과 규칙, 그리고 선배들의 경험과 노하우는 더 이상 정답이 아닌 그런 세상 말이다. 물론 어느 정도의 방향을 제시해 줄 수 있겠지만 평균이면 무난했던 그런 사회는 이제 더는 찾아보기 힘들어졌다. 즉, 지식과 정보가 더 중요해지고 온택트가 확장되면서 기존의 자격과 학위보다 개인의 실력이 더 중요해졌다. 단순히 할 수 있다는 가능성이 아닌 실제로 해낸 실무능력만이 스토리가 되는 그런 사회 말이다.

김난도 작가 등 10명이 공저한 《트렌드 코리아 2023》에 보면 평균과 정규분포가 상실된 '평균 실종의 시대'에 대한 설명이 있다. 우리 사회 전형성의 상징이었던 평균은 이제 더 이상 기준의 척도가 될 수 없으며, 평균의 무난함으로는 변화가 심한 요즘 세상에서 살아가기 힘들다는 것이다. 시대가 변하고 사회가 변하면서 평균보다는 양극화된 게 더 현실적이라고 설명하고 있다. '10년이면 강산이 변한다.'라고 했지만, 이제는 변화의 주기를 누구도 쉽게 예측하기 힘들다.

표준과 기준이 모호해진 요즘엔 우리가 하는 모든 것이 도전이다. 비록 새로운 것이 두렵고 소심한 사람들은 도전에 대해 부정적인 면만 전달한다. 물론 도전과 실패는 동전의 양면처럼 항상 붙어 다니기 때문에 부정적인 요소를 아주 배제할 수 없다. 그렇다고 도전을 처음부터 시도조차 하지 않은 사람들의 조언이나 충고는 깊이 담아둘 필요가 없다. 그들 또한 직접 경험하지 못한 남의 실패 사례만 귀동냥으로 듣고 그저 전달하기 때문이다. 마치 상대의 도전이 시작도 전에 실패하기를 바라는 사람처럼 말이다.

아주 값지고 거대한 것만 도전의 과제로 선정하는 것은 아니다. 최종 목표를 달성하기 위해 하나씩 넘는 조그만 산들 또한 틀림없이 도전이다. 높은 산에 오르고 정상에 도달하기 위해 우리는 하나하나씩 체크 포인트를 지나가야 한다. 그렇게 하나씩 작은 도전들을 성취해 가다 보면 결국 산정상에 서서 목표를 달성한 나 자신을 볼 수 있다. 만약 단 하나의 체크 포인트라도 가볍게 보고 통과하지 않는다면 결코 우린 산 정상으로 갈 수 없다.

도전을 거창하게 생각하지 말자. 오로지 인생의 마지막 순간에나 성취할 수 있는 것만을 목표라고 생각하지 말자. 서울에 가려는 목적을 달성하기 위해선 걷거나 뛰어가는 방법이 있고 차나 기차 또는 비행기를 타고 가는 방법도 있다. 이동 수단뿐 아니라 이동 경로 또한 다양하다. 가장 빠른 길, 가장 편한 길, 가장 저렴한 길 등 중 하나를 골라 가든지 아니면 구간을 정해 다 고를 수도 있다는 말이다. 서울로 가는 것이 목표라면 서울만 가면 되지 어떤 수단과 어떤 경로를 이용하든 큰 문제가 없다. 결국, 서울에 도착하면 목적은 달성된 것이고 도전은 완성되었기 때문이다.

가슴 설레는 도전은 그리 거창하지도 그리 어렵지도 않다. 그저 근처에 있고 마음만 먹으면 어느 곳에서든 길을 찾을 수 있다. 비록 우리가 취업이라는 현실의 벽에 부딪혀 최선이 아닌 차선 또는 그 이하에 대해 고민하고 힘들어하겠지만 그렇다고 그 속에서 내게 필요한 커리어가 없는 것은 아니다. 비록 내가 정말 꿈꾸는 미래를 맞이하기 위한 지름길이 아닌 돌아가는 길이라도 그 길을 가면서 미래를 위해 도전하고 성취할 수 있는 것들은 있다. 나와 함께하는 나만의 시간과 방법이 다를 뿐 우리는 각자의 성공을 향해 가고 있기 때문이다.

남들이 무모하다고 할 때,
도전은 시작된다.

초판 1쇄 인쇄 2023년 4월 25일
초판 1쇄 발행 2023년 4월 30일

지은이 | 진용기
발행인 | 전익균

이 사 | 정정오, 김영진, 김기충
기 획 | 권태형, 조양제
편 집 | 김 정
디자인 | 얼앤똘비악 earl_tolbiac@naver.com
관 리 | 김희선, 유민정
마케팅 | 팀메이츠
유 통 | 새빛북스

펴낸곳 | 에이원북스
전 화 | 02)2203-1996, 031)427-4399 팩스 050)4328-4393
출판문의 및 원고투고 이메일 | svcoms@naver.com
등록번호 | 제215-92-61832호 등록일자 | 2010. 7. 12

가격 17,000원

ISBN 979-11-91517-48-4(03190)

* (주)새빛컴즈는 새빛에듀넷, 새빛북스, 에이원북스, 북클래스 브랜드를 운영하고 있습니다.
* (주)아미푸드앤미디어는 북카페 아미유를 운영중에 있습니다.